그림과 사진으로 풀어보는
AK Trivia Book 41

영국 메이드의 일상

무라카미 리코 지음 | 조아라 옮김

목차

제6장 메이드의 제복

제7장 메이드의 지갑

제8장 메이드의 유희

제9장 메이드의 연인

제10장 메이드의 미래

서장
메이드의 민낯

건축가 겸 미술 수집가인 존 쉽생크스John Sheepshanks와 메이드. 19세기 초, 그녀들은 아직 흑백 제복을 입고 있지 않았다. 윌리엄 멀레디William Mulready(1786~1863) 「존 쉽 생크스의 초상이 들어간 실내도, 올드 본드 스트리트Old Bond Street의 자택에서」 1832 년.

메이드란?

백여 년 전의 옛 영국을 무대로 한 영화를 보면, 검은 드레스 위에 새하얀 앞치마와 모자를 쓰고, 리본을 팔랑거리면서 서서 일하는 그녀들의 모습이 눈에 들어온다. 살짝 무릎을 굽히며 살짝 고개를 숙이는 서양식 인사를 하고 나면 그것을 끝으로 화면에서 사라진다. 카메라 중심에 잡힐 일이 거의 없는, 어딘가 모르게 애매한 존재감을 풍기며 지나간다.

그녀들은 메이드Maid, 즉 타인의 집에 고용되어 급료와 거주할 방과 식사를 제공받으며 일하는 가사 사용인이다. 훨씬 이전 시대인 중세에는 사용인의 대부분이 남성으로, 귀족이나 지주, 상류계층을 섬기는 존재였다. 하지만 19세기에 이르러서는 여성이 압도적 다수를 차지하게 되었으며, 특히 중류 계층에 고용된 메이드의 수가 급증한다. 산업혁명을 거치며 부를 축적한 사람들은 자신들이 일반적인 노동자계급과는 다른, 한 단계 위의 신분이라는 것을 알리고 과시하기 위해, 집사Buttler까지는 무리더라도 급료가 낮은 미경험자 소녀 한 명이라도 고용하고자 혈안이 되어 있었기 때문이다.

영화 속에서의 그녀들은 조연이다. 특히 동시대의 소설이나 아동문학이 원작이라면 주연은 당연히 중류 이상의 신사와 숙녀. 더 내려온다 해도 아가씨나 도련님까지다.

『비밀의 화원The Secret Garden』(1993)에서 메리를 돌보는 침실 담당

청소를 하던 중, 향수병 때문에 눈물을 흘린다. 그녀들은 10대 초반의 어린 나이에 본가를 떠나 남의 집에서 일했다. 섬세하게 그려진 중류계층의 응접실도 흥미진진하다. A. 어우드A.Erwood 「최초의 직장」 1860년.

메이드인 마사는 상당히 인상적인 조연으로 초반부터 등장했으나 후반으로 들어서면서 정원으로 무대가 옮겨간 이후부터는 주로 저택 안을 지키는 역이 되어 출연 분량이 줄어들었다. 또한 부엌에서 허드렛일을 하던『소공녀』(1939)의 베키도 주인공인 세라의 역경을 뒤에서 도우며 우정을 키우는 역할이었지만 역시 극이 절정으로 흘러갈 즈음에는 그 존재감이 약해지고 만다. 원작대로의 전개라면 세라가 원래의 신분으로 돌아가도 베키의 신분은 여전히 메이드였다.

🖌 빅토리아시대 중기 풍속화로 절대적인 인기를 누린 윌리엄 파웰 프리스William Powell Frith(1819~1909)의「사용인 소녀」. 근로 현실과는 상당히 거리가 있는 초상이다. 고급 옷감이나 장식, 하얀 손, 층층으로 겹친 나선형 머리. 화가 자신도 진짜 메이드를 모델로 하는 것은 문제가 많다고 생각했던 것이 아닐까?

『메리 라일리Mary Reilly』(1996)나 『핑거스미스Fingersmith』(2005) 등, 19세기를 무대로 하면서 메이드가 주연을 맡은 영상 작품이 간혹 존재하기는 하지만 이것은 모두가 빅토리아 시대가 아니라 1990년대 이후에 원작이 만들어진, 말하자면 '가짜' 빅토리아 시대 소설이다. 본래 19세기 영국 문학에서는 성적인 문제나, 천한 말투, 반그리스도교적 태도 등을 엄격하게 검열하는 성향이 있었다. 이야기의 주변부로 밀려나 있던 메이드의 시점을 기어이 중심으로 끌어 와서, 당시 문학이 그려내지 않았던 또는 그려낼 수 없었던 일종의「틈」을 메워보려고 했던 것이 아닐까?

제임스 헤일라James Hayllar 작,「파티 준비」1866년. 여자아이의 리본을 묶어주며 파티에 보낼 준비를 하는 너스. 아직 어린 아가씨의 파티 날에 어울리는 풍성한 흰색 드레스와 사용인의 수수한 갈색 옷. 그러나 고급 품질의 윤기가 도는 새틴 옷감이 좋은 대비를 이루고 있다.

일하는 여성의 최대다수파

주변…이라고 할까? 숫자라는 면에서 본다면 「마이너리티」라고
는 할 수 없다. 19세기에서 20세기로 넘어올 즈음, 잉글랜드England
와 웨일스Wales를 합쳐 대략 130만 명의 여성이 일반 가정에서 가
사 노동에 종사했다. 이는 직업 여성의 최대다수파를 점유한 것이
며, 세 명 중 한 명은 가사 사용인이었기에 너무나도 흔하고 익숙
한 존재였을 것이다. 그녀들의 모습을 담은 회화나 각종 삽화는
이곳저곳에 흩어져 남아 있다. 유명 화가가 그린 풍속화를 비롯하

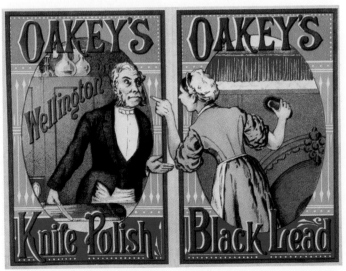

나이프 손질 도구(왼쪽)와 난로에 바르는 흑연(오른쪽)의 광고 팸플릿. 은식기는 집사,
난로는 하우스 메이드가 담당한다. 1890년경.

여 그녀들을 직접 고용한 마님들을 타깃으로 한 가정 잡지, 집안의
가장들이 읽는 지적인 풍자만화지, 아가씨들의 소녀 잡지. 학교를
졸업하고 메이드가 되려는 아이들을 위한 교훈 이야기. 이따금 고
용주들이 찍은 단체 사진도 있고, 작업복 차림에 어색하게 웃고 있
어 왜 찍은 것인지조차 알기 어려운 싸구려 명함판 사진도 있다.

누가 그녀들의 모습을 그림으로 그리고, 사진으로 촬영했으며,
손에 넣어 즐긴 것일까? 매체에 따라 그녀들의 표정은 완전히 다

「금주 주의자의 매거진」을 겨드랑이에 끼고서 몰래 위스키에 손을 뻗은 신사에게 팔러
메이드가 장난을 친다. 오스카 와일드의 희극풍일까? 1895년경.

WATSON'S
MATCHLESS CLEANSER

IS THE BEST SOAP
FOR ALL PURPOSES

MATCHLESS CLEANSER.

✿「왓슨의 유례없는 클렌저」비누 광고. 사랑스럽고 유능하며 깨끗한 이미지가 끝없이
증식되어 간다. 1898년.

르게 보인다. 순박한 시골 소녀도 있는가 하면, 정조관념이 희박
한 소악마도 있다. 또한 덩치 큰 요리인이 있는 반면, 애처로움이
느껴질 정도로 야윈 소녀도 있다. 이들 가운데 가장 사실에 가까
운 얼굴은 어느 것일까.

이 책에서는 19세기 후반부터 20세기 초까지의 영국을 중심으
로 다양한 타입의 일러스트와 사진 등을 모아, 메이드들의 인생을
재구축해보고자 한다. 「가장 평범한 여성들」을 조연에서 주연으로
옮겨와서 그녀들의 시선을 따라가며 그들의 일과 슬픔, 분노, 사랑
과 결혼, 미래에 대해서 알아보도록 하자.

계급제도

영국 사회는 서로 다른 문화를 가진 사람들의 그룹 자체가 명확하게 나눠진 계층을 나타내고 있었다. 어디를 기준으로 어떻게 경계선을 긋는 가에 대해서는 여러 가지 설이 있지만, 빅토리아 시대 이후로는 상류계급 · 중류계급 · 노동자계급으로 나누는 것이 가장 일반적이다. 19세기 말의 상황을 기준으로 이들 세계급에 대하여 살펴보자

상류계급

상류계급은 귀족과 대토지 소유주Squire들로 구성된다. 이들의 연 수입은 귀족이라면 1만 파운드 이상, 지주라면 1,000에서 3,000파운드 정도가 보통이었다. 원칙적으로는 노동과 돈과 관련된 일에는 손을 대지 않고, 토지에서 나오는 수입이나 이자를 받으면서 일하지 않고 살아가는 자들이었다. 그들은 사교나 스포츠나 자선, 국회의원이나 치안 판사 등, 공공을 위한 무상의 명예직에 시간을 소비했다.

중류계급

중류계급은 금융, 무역, 공업 등의 비즈니스로 부를 축적한 부자와 영국국교회의 성직자, 법정 변호사, 장교 이상의 군인, 내과 의사 등, 전통적인 상위 전문직과 공무원, 사무원, 교직 등의 일에 종사하는 사람들이었다. 상위 전문직은 원래 귀족의 차남 이하가 많이 종사하는 직업이었기에 만약, 실제로 귀족이나 지주와 가까운 친인척이라면 이들도 상류사회의 일원이라고 간주되었을 것이다. 상층에는 귀족을 능가하는 막대한 수입을 자랑하는

무도회 시작 전이라서 아직 사람이 그리 많지는 않다. 밝은색 드레스를 비추며 빛나는 나무 바닥을 사용인 전용 통로 문에서 안쪽을 살짝 들여다보고 있는 메이드들이 닦아놓았다. 제임스 티소James Tissot(1836~1902) 「너무 이른 도착」 1873년.

신흥 벼락부자도 있었고, 아래로는 연 수입 200 파운드에도 못 미치는 보조교사도 있었다. 상층 중류계급과 하층 중류계급(여기에 더하여 중층 중류계급도)을 명확하게 구별하는 일도 널리 이루어지고 있었다. 19세기 전체에 걸쳐 사회 전체의 부가 커져감에 따라 중류계급의 영향력은 크게 확대되었다. 이들 가운데 상층에 해당하는 이들은 토지를 사들여 지주 같은 라이프 스타일을 추구했으며, 하층에 해당하는 이들도 자신이 중류계급에 속한다는 증거를 주변에 보이기 위하여 너나 할 것 없이 메이드를 고용했다. 이들 중류계급은 그리스도교에 바탕을 둔 도덕, 견실한 생활태도, 신사 숙녀다운 깔끔한 복장, 품위 있는 행동 등, 다양한 미덕을 내포하는 「리스펙터빌리티respectability」라는 가치관을 공유했다.

🌿 노동자계급

노동자계급이란, 육체노동에 종사하며 대가를 받는 사람들이다. 운이 좋은 숙련된 직인이라면 중류계급 하한선에 필적하는 100파운드 이상의 연 수입을 벌어들이는 사람도 있어서 「노동귀족」이라고도 불렸다. 하지만 대다수는 50파운드 이하의 비숙련 노동자였는데, 메이드 또한 이 그룹에 속했으며 전문성이 필요한 일이 아닌데다 여성이었기 때문에 받을 수 있는 급료는 더욱 적었다.

이 책의 시대 배경은?

본서는 영국의 빅토리아 시대(1837년~1901년), 및 그 후의 20세기, 1930년대까지의 화제를 주로 다룬다.

🌿 빅토리아 시대Victorian era

빅토리아 여왕의 통치 기간은 64년으로 대단히 길다. 따라서 그 기간 동안 사회적으로도 많은 변화가 있었다. 다른 어느 국가보다 일찍 산업혁명을 경험한 영국은 최대의 번영기를 맞이했다. 적어도 19세기 중반까지는 그러했다. 증기기관차에 우편 제도, 거리에는 마차가 달리면서, 대량으로 생산되는 음식과 음료를 신속하게 운반해주었다. 또한 해가 지면 가스등에 불이 켜지고, 난로에서는 석탄으로 불을 지폈다. 가게 앞에는 물건이 넘치고, 생활은 날이 갈수록 편리해졌다.

「배관공의 일은 이걸로 끝」 …하지만 그만큼 메이드의 일은 늘었다. 소인은 1907년.

「일라이저 앤을 깨우자」 반 페니half penny짜리 로맨스잡지를 읽으면서 밤을 새운 메이드. 전등불을 켜놓고, 스타킹은 아무 곳에나 벗어두었고, 벨도 계속 울린다. 소인은 1906년.

「메리 앤, 여인숙의 하녀」 신분이 낮은 메이드는 「슬레이브slave」 또는 「스키비skivvy」라며 멸시를 당했다. 소인은 1905년.

「키친 메이드의 사랑」 울타리를 사이에 두고 담소를 나누는 경관과 메이드. 1900년대.

✿ POST CARD

영국에서 사제엽서(개인이 만들어서 쓰는 우편엽서)에 우표를 붙여서 보내는 것이 인정된 것은 1894년경. 이후, 다양한 일러스트를 컬러 인쇄한 그림엽서가 붐을 이루었다. 톰 브라운Tom Brown(1872~1910)은 가정생활을 소재로 한 코믹·엽서로 인기를 얻었다.

「엄마가 요리사를 해고할 때」 몸집이 크고 강해 보이는 요리사는 무섭다. 소인은 1905년.

　빅토리아 여왕 즉위 60주년을 맞이하는 해　　　　　에드워드 7세의 대관식이 열린 해에 인쇄된
　에 이를 기념하여 인쇄된 광고 카드. 1897년.　　　　광고 카드. 1902년.

　빅토리아 여왕은 품위 없는 농담을 극단적으로 싫어했고, 아내로서 엄마로서, 국민에게 모범적인 가정상을 보여주었다고 전해진다. 1861년에 남편 앨버트공을 떠나보내고서는 남은 생애를 상복차림으로 지냈다. 「빅토리안」, 즉 「빅토리아 시대풍」이란 때때로 엄격하다 못해 위선적이라는 야유를 받을 정도로 품위와 체면을 중시하던 당시의 풍조를 의미한다.

에드워드 시대Edwardian era

　검은 미망인 빅토리아가 세상을 떠난 후, 상대적으로 자유분방한 생활을 하던 아들 에드워드 7세가 그 뒤를 이은 것은 1901년의 일이다. 에드워드 시대의 분위기는 이전까지와는 달리, 밝고, 화사하며, 향락적이었다. 사회의 상층부를 시작으로 전화나 자전거 등이 점차 보급되면서 세상의 스피드는 더욱 가속되었다.

　하지만 어머니의 통치기간이 너무도 길었던 탓에 에드워드 7세가 왕좌에 앉아 있던 기간은 10년이 채 되지 않았다.

❀ 위장약 광고. 소년의 키보다 높이 올려진 유니언잭
과 수병복이 애국심을 고무시키고 있다. 1915년.

❀ 제1차 세계대전

1910년부터 1936년까지는 조지 5세의 시대였다. 하지만 이 시기는 왕의 개성
보다는 1914년에 시작된 제1차 세계대전의 깊은 상처로 먼저 기억되고 있다. 분
명 크리스마스 전까지는 끝날 것이라 생각했지만, 장기전·총력전의 수렁으로
빠져 들어가게 되었고, 결국 싸울 수 있는 장정들은 거의 모두 전선으로 나서야
만 했다. 전사자는 대영제국 전체를 통틀어 90만 명을 넘었다고 한다.

1918년에 첫 세계대전이 끝나고, 두 번째 세계대전 사이에 끼인 20년 정도의
기간을 전간기Interwar period라 한다. 1920년대는 「재즈·에이지」 혹은 「광란의
20년대Roaring Twenties」라고 불렸는데, 여성들은 머리를 짧게 자르고, 코르셋을
버렸으며 스커트는 무릎만 살짝 덮는 정도까지 짧아졌다. 레코드 플레이어와 영
화관이 보급되고, BBC 라디오 방송이 시작된 것도 이 시기였다.

하지만 노동자들에게 있어 1920년대는 불황의 시기이기도 했다. 1930년대에
세계 경제 공황이 시작되면서 이 여파로 실업률이 더욱 높아졌다. 그리고 1939년,
제2차 세계대전이 발발하면서 영국 국민은 총력전에 돌입하게 되었다.

제1장
메이드의 거주지

🎐 18세기의 대저택 「홀컴홀Holkham Hall」 잉글랜드 동부 지방인 노퍽Norfolk 주에 세워져 있는 건물로, 현재 레스터 백작Earls of Leicester of Holkham이 소유하고 있다.

웅장한 귀족의 저택

「홀로 안내받은 순간, 그야말로 '호화찬란'이라는 단어가 머릿속에 떠올랐다. 바닥에는 아름다운 융단이 깔려 있었고, 어마어마하게 큰 계단도 융단으로 덮여 있어서 우리 집 계단 정중앙에 리놀륨 Linoleum 이 살짝 붙어 있는 것과는 하늘과 땅 차이였다. 마호가니 테이블, 마호가니 코트 걸이, 금박 테두리가 둘러진 커다란 거울까지, 모든 것이 부유함의 아우라를 발산하고 있는 듯했다.」 (마가렛 파웰 Margret Powell , 1920년대)[주1]

주1) 마가렛 파웰(1907~1984)
해변 마을 호브Hove 출신. 교사가 꿈이었지만 경제적인 이유로 꿈을 접고, 14세 때 세탁소에 취직. 이듬해 키친 메이드가 되어 10년 정도 일한 후에 결혼함. 라디오에서 사용인 시절의 체험을 이야기한 것을 계기로 자서전 「Below Stairs」(1968)를 출간. 요리 서적이나 소설을 포함하여 다수의 저작을 발표하고 인기 작가가 됨.

✦ **(왼쪽)**「홀컴홀」의 건물은 메인 홀을 중심으로, 가족용, 객실, 사용인, 서재까지 네 개의 공간으로 나뉘어 있다.「고전 양식의 서재」.

✦ **(오른쪽)**「홀컴홀」의「대리석 홀」. 로마의 고대 건축물을 떠오르게 하는 팔라디오 양식 Palladianism으로 장식된 것으로, 발을 내디딘 자들을 압도하는 화려함을 자랑한다.

「라이즈 파크Rise Park」저택은 너무도 커서, 일을 시작한 첫 주에는 저택 안에서 미아가 됐었다.」(에일린 볼더슨Eileen Balderson, 1930년대)주2)

가난한 노동자 집안에서 태어난 메이드들은 그때까지 접점이 없었던 부유층의 집으로 파견되어 가사 사용인 생활을 시작하게 되었다. 따라서 당당한 외관과 최고급 세간살이에 압도되었을 거라는 건 쉽게 상상할 수 있다.

그녀들이 일했던 직장의 정점에는 전원의 대저택인 컨트리 하우스 Country house 가 있었다. 왕족이나 세습 귀족—공작, 후작, 백작,

---

주2) 에일린 볼더슨
1916년, 영국 북동부 지방에서 태어남. 14세 때 저택「라이즈 파크Rise Park」에 비트윈 메이드로 취직하여 각지의 대저택에서 일한다. 저서로는 자서전인「Backstairs Life in a Country House」(1982)가 있다.

❦ (왼쪽)웨스트 서식스West Sussex주에 세워진 저택, 「펫워스 하우스Petworth House」의 연
회장 「카브 드 룸cave de room」 입체적인 나무 조각이 벽을 장식하고 있다. 1865년에
가족이 그린 수채화.
❦ (오른쪽)「홀컴 홀」의 호화로운 손님용 침실 중 하나. 벽에 걸려 있는 그림에서 유래하여
「Parrot Room」이라 불린다.

자작, 남작, 그리고 그 밖의 전통적인 상류계급 사람들은 대대로
물려받은 광대한 영지에서 나오는 수입으로 노동과는 인연이 없
는 삶을 살고 있었다. 「패밀리 시트 Family seat」라고 불리는 본 저택
이외에 몇 개의 별채를 가지고 있어서 계절이 바뀔 때마다 각 계절
의 활동에 맞추어 세대 전체가 이동하면서 일상을 보냈다.

봄부터 초여름은 런던의 계절로 의회에 얼굴을 내비치면서 사교
에도 힘을 쏟았으며, 여름부터 가을까지는 스코틀랜드 등 수렵이 가
능한 지역으로 이동하여 새나 사슴을 사냥했고, 겨울에는 고향으로
돌아와 크리스마스와 신년 파티를 열거나 외국의 휴양지 등을 방
문, 봄이 되면 다시 런던으로 상경하는 것이 일반적인 패턴이었다.

❦ (왼쪽)더비셔Derbyshire에 있는 데본셔 공작Duke of Devonshire의 본 저택 「채스워스
Chatsworth」의 만찬실. 즉위 전 젊은 시절의 빅토리아여왕이 13세 때, 처음으로 어른들
과 함께 정식 디너에 참석했던 장소다.
❦ (오른쪽)예전에 하트퍼드Hertford백작이 런던의 타운 하우스로 사용했던 건물. 현재는
「월레스 콜렉션wallace collection」이라는 미술관으로 변했다.

컨트리 하우스의 「앞쪽」과 「뒤쪽」

　화려한 생활의 무대가 되는 컨트리 하우스는 「앞쪽」과 「뒤쪽」으
로 나누어져 있다. 만찬실 Dining room, 응접실 Drawing room, 무도회
실 Ballroom, 도서실, 서재, 침실 등 가족과 손님이 사용하는 부분은
「앞쪽」에 해당하는데, 이들 공간은 보통 1층에서 2층의 까지의 접
근하기 편리하며, 햇빛도 잘 들고, 정원이 잘 보이는 곳에 배치된
다. 그리고 「뒤쪽」은 사용인들의 영역이다. 규모가 큰 집에서는 앞
쪽에 저택관리인 House steward 이나 집사를 정점으로 하는 남성 사
용인이 담당하고, 가정부 House keeper 나 주방을 통솔하는 여성 사용

🌿 북웨일스의 지주 저택 「어딕」. 캔버스 주위에 있는 것은 당주인 요크 부부와 장님인 사이먼. 1908년경 촬영.
🌿 (하단 왼쪽)「어딕」의 살롱 정원 바로 옆에 있는 공간으로 아마 파티 때 손님들을 맞이할 때 사용한 것 같은 가장 큰 방. 1849년에 그려진 그림.
🌿 (하단 오른쪽)1887년에 촬영된 「어딕」의 스태프. 앞줄 중앙이 요리사 = 가정부, 마주한 그 오른쪽이 집사, 왼쪽의 수염이 난 사람이 정원사. 앞줄 양쪽 끝이 레이디스 메이드. 정원사와 그 뒤에 서 있는 수석 하우스 메이드는 훗날 결혼했다. 오른쪽에서 세 번째의 통통한 여자가 하급 하우스 메이드. 남은 여자들은 런드리, 데어리, 키친 메이드 일 것이다.

인 요리장 Cook 은 뒤쪽을 담당하는 경우가 많았다.

「앞쪽」과 「뒤쪽」을 나누는 상징적 경계는 바로 「그린 베이즈 도어 Green baize door 」였다. 여기서 「베이즈 Baize 」란 당구대 등에 쓰이는 녹색의 모직천을 가리키는데, 사용인들의 공간인 「뒤쪽」에서 발생하는 생활 소음이 잘 들리지 않조록 하기 위하여 사용되었다. 이 문을 열고 경계를 넘어가면, 풍경은 확 변해서 호사스러운 내부 장식은 신입 메이드들의 시선을 빼앗으며 몸을 움츠러들게 만든다. 갑자기 좁아진 통로 좌우 벽에는 벽지가 아닌 흰색 도료가 발

🌿 컨트리 하우스 「어딕Erddig」의 구조

다락방

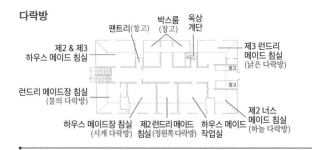

팬트리(창고)
박스룸 (창고)
옥상 계단
제2 & 제3 하우스 메이드 침실
제3 런드리 메이드 침실 (낡은 다락방)
창고
창고
런드리 메이드장 침실 (불의 다락방)
하우스 메이드장 침실 (시계 다락방)
제2런드리 메이드 침실 (정원쪽 다락방)
하우스 메이드 작업실
제2 너스 메이드 침실 (하늘 다락방)

§ 다락방은 메이드의 침실 각각 고유의 이름이 붙어 있다. 「불의 다락방 Fire attic」은 1907년에 일어난 화재에서 따온 이름이다.

2층

뒤쪽 계단
서쪽 방
욕실
갤러리
욕실
귀빈실
중심 계단
너스의 방
아이들 방
아이들 방
붉은 방
하얀 방
판화의 방
파란 방
초록 방
장미의 방
북쪽 방

§ 2층은 가족과 손님용 침실, 아이들 방이 있다. 너스는 아이들 방 옆에 개인 방을 받았다. 주인용 욕실에는 샤워 시설이 있었다.

1층

뒤쪽 계단
응접실
엔트런스 홀
서재
중심 계단
배선실
만찬실
대공간
보관창고
중국풍 방
예배당
요리사의 침실
태피스트리 룸

§ 1층에는 손님이 가족이 낮에 사용하는 방이 많다. 「보관 창고」에는 망가진 물건이나 장식하고 싶지 않은 선물이 방치되어 있다.

반지하층

맥주·와인 셀러(아래쪽)
사용인 홀
집사의 작업실
당구실
식료품 저장실
창고
램프실
보일러실
원예창고
예배당
지배인 사무실
가정부의 방
가족 전시실

§ 반지하는 사용인의 영역. 이 저택에는 19세기까지 저택관리인이 있어서 「지배인 사무실」에서 경리업무를 보았다.

§ 키친은 이 도면 밖에 있다. 1층 「요리사의 방」 왼쪽에서 통로로 이어진 곳에 스컬러리, 오븐실, 세탁실 등과 함께 별관에 포함된다. 마구간은 바깥에 있고, 남성 사용인의 방은 그 위에 있다.

도면: 오노데라 미에小野寺 美惠

라져 있고, 리놀륨이나 돌이 깔린 바닥이 끝없이 이어진다. 그리고 방안에는 검소한 테이블과 오래 되고 짝이 안 맞는 의자가 놓여 있다.

앞서 말했던 마가렛 파웰은 주방에서 일하는 키친 메이드 면접을 보러 갔을 때 우연히 「앞쪽」으로 들어와서 홀의 위용을 보게 되었다. 하지만 가족이 사용하는 현관과 사용인들의 출입구는 대개 엄격하게 나뉘어 있었다. 그녀도 그 후로는 한 번도 정면 현관을 사용한 적이 없다고 덧붙여 말했다.

「사용인 구획」의 구조

이번에는 컨트리 하우스의 메이드들이 많은 시간을 보낸 작업장, 즉 「집의 뒤쪽」을 어디에 누가 있으며, 무엇을 하는지에 유의하면서 둘러보도록 하자.

사용인 구획을 집 안에 둘지, 별채에 두어 서비스용 통로로 연결할지, 지상에 둘 것인지, 아니면 지하에 둘 것인지. 저택의 규모나 지어진 시대의 유행, 혹은 집주인이 사용인의 존재를 어떻게 생각하고 있는지에 따라서 구조에 개성이 나타난다. 되도록 메이드를 보고 싶지 않아 하는 집주인이 사는 곳이라면 대개 지하나 뒤쪽 통로에 배치된다. 작업 공간을 충분히 제공해야 한다고 생각하면, 점유율은 훨씬 커져서 용도별로 작은 방이 늘어난다. 어찌 되었든 일을 담당하는 부서는 대부분 다음과 같은 영역으로 나누어진다.

❦ (왼쪽) 스코틀랜드의 저택 「맨더스턴Manderstone」에서 사용인 통로에 설치된 종. 위층의 각 방과 와이어로 직접 연결되어 있어서 어느 방에서 부르는지 알 수 있다.
❦ (오른쪽)체셔Cheshire에 세워진 저택 「던햄 매시Dunham massey」의 키친. 1883년 촬영. 사용인 구획이 상당히 잘 보존·재현된 컨트리 하우스 중 하나로 일반인에게 공개되어 있다.

① 요리 부서

대저택이라면 프랑스인 남성 셰프, 그럭저럭 사는 집이라면 영국인 여성 요리사가 키친 메이드, 스컬러리 메이드 Scullery Maid 를 데리고 요리를 하는 공간이다. 여기에는 키친에 더하여 스컬러리 Scullery, 식기 세척실, 각종 창고가 포함된다. 음식은 생활에 필수적인 것이라서 설령 하우스 메이드의 작업실이 생략되는 경우는 있어도 키친이 없는 집은 존재하지 않는다. 일반적으로 충분한 공간과 환기를 위해 2층 높이 만큼 천장을 높게 만든 곳이 많다. 하지만 냄새와 습기를 피하기 위해서 식당이나 응접실에서 먼 곳에 두는 경향도 있었다. 그리되면 요리가 따뜻할 동안에 운반하는 것은 사용인들의 몫이었다. 키친이 식당 바로 아래에 있다면 운반용 엘리베이터나 전용 계단으로 음식을 옮길 수 있었다.

②가정부 부서

여성 사용인의 관리자인 가정부는 청소를 담당하는 하우스 메이드들을 통솔한다. 전용 공간이 주어지는데, 그곳에서 사무적인 일이나, 각 부서의 수석들을 모아 식사공간으로 사용했다. 그녀가 관리하는 생필품이나 식기 창고, 리넨 창고가 달린 「스틸룸 Still-room」이라고 불리는 소형 키친이 설치된 집도 있다. 그럴 경우, 가족에게 제공되는 과자나 음료는 이 방에서 스틸룸 메이드 Still room Maid 를 감독하며 가정부가 준비했다. 비스킷 한 개를 먹을 때도 가정부에게 부탁하는 집도 있었다.

낙농실에서는 유제품을 직접 만드는 데어리 메이드, 세탁실에서는 런드리 메이드가 일하고 있다. 그녀들 또한 가정부의 지휘 아래 있지만, 일의 성격상, 작업장이 집 밖 가까운 곳에 있는 경우가 많아서 어찌 보면 독립적인 존재였다.

③가족의 개인 부서

고용주 가족의 아이들은 침실 Night nursery 과 낮에 아이들이 노는 공간 Day nursery , 공부방 School room 에서 연령과 성별에 따라 다양한 타입의 스태프가 돌보아주었다. 유아시기에는 리더인 너스와 보조 역할을 하는 너스 메이드, 공부할 시기가 되면 보모 겸 가정교사 Nursery governess , 여성 가정교사 Governess , 남성 지도교사 Tutor 등이 순차적으로 고용되었다. 마님에게는 레이디스 메이드, 집주인과 아이들에게는 시종 Valet 이 곁에 붙어 시

🌿 (위)가정부는 마님에게 지시를 받아 그 내
용을 하급 풋맨이나 메이드에게 전달한
다. 프레더릭 엘웰Frederick Elwell, 「가정부
의 방(혹은 **아침의 지령)**」1911년.

🌿 (오른쪽)「어딕」의 요리사 = 가정부, 해리엣
로저스Harriet Rozas, 유모와 레이디스 메
이드를 거쳐 승진, 20년 가까이 여성 사
용인의 톱으로 지냈다. 1911년 촬영.

중을 든다.

또한 공부방을 담당하는 스쿨룸 메이드 School maid 도 있다.
이렇듯 개인의 시중을 드는 사용인의 방은 자기가 모시는 사람
의 바로 옆이나 위층에 있어서 부르면 언제든지 달려갈 수 있
게 되어 있었다.

◈ (왼쪽 위)손님이 방문한다는 말을 듣고, 상대방의 신분을 주인에게 묻는 집사. 식사와
　와인을 준비하는 것이 그가 하는 일이다. 『펀치punch』 1879년 캘린더.
◈ (왼쪽 아래)"알려드릴 게 있거든요, 마님?" 경험이 풍부한 메이드가 젊은 마님에게 유의
　사항을 지도한다. 소설 삽화. 『걸즈 온 페이퍼Girl's own paper』 1885년 12월 5월호 게재
◈ (오른쪽)가족도, 손님도 아닌 여성 교사의 애매한 위치는 빅토리아시대에 풍속화의 테
　마로 곧잘 그려졌다. 에밀리 메리 오스본Emily Marry Osborne, 『거버니스』 1860년.

④집사의 부서

규모가 큰 집에서는 저택관리인, 일반적으로는 집사가 남성 사용인의 리더이다. 저택관리인은 경리와 인사, 집사는 주류 관리가 본래의 역할이었지만, 시대가 변함에 따라 후자가 전자를 겸하는 집이 많아졌다. 집사는 주인이나 손님을 직접 응대하며 만찬회 등의 파티를 총지휘한다. 전용 집사실이나 작업실 Butler's pantry 을 가지고 있어서 부하인 풋맨Footman 을 감독하면서 은식기나 글래스를 닦았다. 와인이나 맥주를 보존하는 셀러는 통상, 온도나 습도가 유지되는 북쪽 지하에 두어 책임자인 집사가 접근하기 쉽게 했다. 마찬가지로 상급 사용인인 요리사와 함께 고주망태가 되어 있더라는 이야기가 심심치 않게 들려온 것도 납득이 된다.

⑤옥외 부서(정원, 마구간, 수렵)

정원사 Gardener 나 사냥터지기 Game keeper 는 기술과 경험이 있어야 하는 일이라서 독자적인 지위를 가지며, 부지 안에 처자식과 함께 살 오두막을 받았다.

정원사의 부하인 젊은이들은 공동숙소에서 함께 살면서 작업에 종사한다. 가족들이 사냥하러 먼 곳으로 이동할 때는 말이 꼭 필요하기 때문에 마구간 일도 중요한 위치에 속한다. 1층에는 말과 마차가 수납되며 이들의 관리에 필요한 작업장이 설치되었다.

§ 1887년 10월 노샘프턴셔Northamptonshire의 저택 「이스턴 네스턴Easton Neston」에서 있었던 여우 사냥의 모습. 왼쪽부터 두 번째 말 위에 탄 인물은 황태자 시절의 에드워드 7세.

§ (왼쪽)게임 키퍼는 주인들이 사냥할 꿩을 키우고, 해가 될 만한 것들을 제거하고, 밀렵자들을 쫓아낸다. 아마 20세기 초.

§ (오른쪽)잘생긴 풋맨. 놋쇠 단추가 달린 상의와 가로줄 무늬 조끼, 조금 짧은 듯한 연미복이 특징. 1890년경.

W. & J. Sueart

47 & 49
BROMPTON ROAD.

마구간 이외에 앞에서 말했던 낙농실, 세탁실, 맥주 양조장은 메이드 건물과 이어진 곳이 있는가 하면, 따로 건물을 지어서 지하통로로 연결된 경우도 있다. 아름다운 정원 아래에서는 사용인들이 석탄이나 세탁물, 치즈나 맥주를 운반했던 것이다.

먹고 쉬고 자는 방

최대급 공작 가문 정도가 되면 300명 이상, 하위 귀족이나 상층 중류계급의 집에서는 수십 명의 동료 사용인이 있었다. 남녀의 비율을 보면 압도적으로 여성이 많았지만, 최상층의 가문에는 겉모습이 생명과도 같은 고급인력인 남성 사용인들이 여전히 존재했다. 하지만 여주인, 및 그 지시를 받는 가정부는 스태프가 직장내 연애에 빠지는 것을 그리 좋지 않게 생각했기에 남녀가 일하는 영역을 철저히 나누었다.

교류 장소는 하급 사용인들이 식사나 휴식을 취하는 곳 정도였는데, 그때도 자리에 앉을 때는 긴 테이블 양쪽에 남녀가 두 줄로 반반씩 앉았다. 될 수 있는 한 서로의 몸이 닿는 것을 피하기 위해서다. 하지만 테이블 아래에서는 다양한 사인이 오고 간 모양이다.

그렇다면 밤에는 어땠을까? 남자들의 침실은 마구간이나 본관 저택의 지하, 여자는 최상층의 다락방으로 한 곳에 모여 있었다. 각자의 침실로 가는 계단도 남녀가 구분되어 있고, 상사가 있는 방 앞을 지나지 않으면 안 되는 구조도 있었으며, 게다가 2인 1실이

여성 가정교사의 침실. 다락방이라서 천장이 경사져 있다. 왼쪽에 이동식 욕조 「힙 베스hip bath」와 세면대가 있다. 가족들이 사용하는 방과는 비교할 수 없다. 앨리스 스콰이어Alice Squier가 그린 수채화.

당연한 시대였기에 밀회는 상당히 어려웠을 것이다.

격무에 지친 몸으로 침대 위에 드러누워 가족이나 연인을 생각하며 한숨을 쉬었을지도 모를 그녀들의 방은 어떠했을까. 물론 많은 저택에서 여왕 폐하를 맞이하기 위해서 꾸며둔 화려한 주빈실과는 비교가 되지 않는다. 1913년에 너스 메이드로 일하기 시작한 위니프레드 그레이스Winifred Grace[주3)]는 첫 침실을 이렇게 회상한다.

주3) 위니프레드 그레이스
윌트셔Wiltshire 낙농가의 딸. 1899년 출생. 14세 때 개인 저택의 사용인이 되어 10년 후에 결혼과 함께 퇴직했다. 실비아 말로우가 정리한 그녀의 자서전 『위니프레드Winifred』(1991)에는 당시의 생활이 자세히 기록되어 있다.

「펫워스 하우스」의 상급 사용인 만찬실. 하급 사용인 홀은 따로 있다. 깔개가 깔려 있고 벽에는 그림이 걸려 있어서 편안함을 준다. 1925년 촬영.

「방에는 작은 창문 하나가 있을 뿐. 천장은 판자가 아닌, 지붕의 나무 구조가 그대로 드러나 있었습니다. 융단이 깔려 있지 않은 맨 마루에는 손을 씻을 대야를 올리는 스탠드, 세면기와 주전자, 그리고 동료인 밀리가 외출복을 넣어두었던 양철 상자가 있었습니다. 저는 작은 침대를 그녀와 둘이서 함께 사용해야 했습니다. 나중에 알게 된 것인데, 시트는 밀가루가 들어 있던 자루를 세탁한 뒤 재봉한 것이었습니다」

20세기 초, 애스터 자작 Viscount of Aster 의 저택「클리브덴 Cliveden」에서 레이디스 메이드로 일했던 로지나 해리슨 Rosina Harrison [주4]의

주4) 로지나 해리슨
1899년 요크셔Yorkshire 지방 출생. 1918년에 귀족의 아가씨를 모시는 메이드로 취직, 1929년부터 애스터 자작부인 낸시의 개인 몸종이 됨. 1964년 부인의 서거를 계기로 은퇴. 자서전「로즈: 사용인으로서의 내 인생Rose: My Life in Service」(1975), 옛 동료의 이야기를 정리한「신사 옆의 신사들 (gentleman's gentleman)」이 있다.

　(위)다른 곳에서 찾아온 메이드와 함께 사용인 홀에서 즐거운 티타임. 찰스 헌트Charles Hunt가 그린 19세기 그림.

　(아래)체셔의 저택「라임 파크Lyme Park」의 사용인 홀. 식탁보를 덮은 긴 테이블에 간단한 식기와 커틀러리가 놓여있다. 1900~1910년 촬영.

방에는 안락의자 두 개에 소파까지 있어서 꽤 편안했다고 한다.

　단, 세탁물을 말릴 장소가 없어서 방 안에 끈을 연결해야 했기에 「언제나 속옷이 나를 쳐다보는 것 같다」고 회상했다.

「계단 위」와 「계단 아래」의 사람들

지금까지 살펴본 컨트리 하우스의 경우에는 12개의 거주 공간이 있었다.

하지만 도시의 작은 타운 하우스에 살면서 한 명 혹은 두 명 정도밖에 메이드를 고용할 수 없는 하층 중류계급 세대에서는 보다 열악한 환경에 처할 수밖에 없었다.

런던 중심부의 좁은 토지에 빼곡하게 세워진 타운 하우스는 폭

🍃 **(왼쪽)**바깥 도로를 거니는 거리의 음악사를 반지하 키친에서 올려다본다. 왼쪽이 요리사, 오른쪽이 팔러 메이드. 『펀치』, 1864년 4월 24일 게재.
🍃 **(오른쪽)**런던의 조용한 주택지 첼시에 있는 토머스 칼라일의 집. 좌우의 집과 나란히 이어진 전형적인 19세기 초의 타운 하우스다. 현관의 외쪽 울타리 너머에 키친의 창문이 살짝 보인다.

마님 「파커, 내가 분명히 24개라고 했지? 전부 있어?」 파커(난감해하며) 「그게 말이죠, 마님. 몇 번을 세어 봐도 하나가 모자라요」 상류 생활에는 큰 이동이 따르는 법. 대량의 의상을 관리하는 레이디스 메이드는 힘들다! 풍자만화지 「펀치」 1971년 9월 30일 게재.

이나 길이에 제한이 있어서 컨트리 하우스에 비해 건물의 층수가 높아지는 경향이 있었다. 1층에서 2층까지는 식당, 거실, 서재, 응접실 등, 가족과 손님을 위한 방이 있고, 더 위층으로 올라가면 침실과 아이들 방이 이어진다. 그리고 다락방이 메이드의 침실이다.

이곳에서도 키친은 반지하 혹은 뒷마당과 같이 눈에 띄지 않는 장소에 있어서 도로와 접한 지하실의 창문을 통해 걸어 다니는 사람들의 발이 보일 정도였다.

빅토리아시대의 저명한 사상가 토머스 칼라일이 살던 집의 경우, 반지하의 키친에 침대를 두고 거기서 자곤 했다고 한다.

스컬러리, 식품 보관창고나 와인 셀러, 만약 공간이 있다면 사용인 홀이나 집사의 작업실, 세탁실 등도 도시에서는 역시 대체로 지하에 있었다. 다시 말해, 타운 하우스에서는 메이드의 활동영역은 원칙적으로 지하에 있었던 것이다. 컨트리 하우스에서는 「앞쪽」과 「뒤쪽」으로 구분했지만, 도시에 있는 가정에서는 「지상」과 「지하」로 구분했다. 여기서 유래되어 고용인을 「계단 위의 사람 abovestairs,

 🌸 오후의 드레스를 입은 레이디와 아이들이 앉아 차를 마신다. 두 명의 메이드가 서서 시중을 든다. 체셔 주의 노스위치에서 촬영한 사진. 1910년경.

upstairs」, 사용인을 「계단 아래의 사람 belowstairs, downstairs」이라고 총칭하기도 한다,

　자, 칼라일 가의 지하 키친으로 다시 돌아가보자. 19세기 중반 무렵, 토머스 칼라일 부인과 그 역대 메이드들은 가구나 커튼, 침대에 붙어사는 벌레와 다년간 싸움을 반복하고 있었다. 목제 침대나 의자는 빈대의 좋은 은신처였다. 하지만 철제 침대로 교환을 해도 시간이 조금 지나면 또 다시 나타났다. 벌레의 흔적을 발견하기 무섭게 침대를 분리해서 물로 세척을 하곤 정원에서 햇빛에 말렸으며 커튼은 전문 업자에게 보냈다. 또한 키친 바닥에는 양동이 20개 분량의 물을 뿌려서 숨어 있는 벌레를 익사시키려고 했

"Familiar Figures of London"   Copyright.

No. 1. — The Postman.

We hope you reached home safely + had not too bad a time on the sea. We miss you + your Mother very much but will hope to meet again someday J.J.W.

§ 집배원에게 편지를 받는 팔러 메이드. 「런던에서 쉽게 볼 수 있는 사람들」이라는 제목이 붙은 그림엽서 시리즈 중 한 장. 소인은 1902년.

다. 잠을 자는 방의 습기와 불쾌함만 높인 게 아닐까 하는 걱정이 들기도 하지만, 그녀들은 필사적이었다. 현대인의 시선으로 되돌아보면 춥고, 살풍경하고, 벌레까지 나오는, 상당히 열악한 상황이라는 생각이 든다. 하지만 당시 수준에서는 그렇게 나쁜 환경은 아니었다. 애초에 그녀들이 박차고 나온 본가에서는 침대 하나에 여섯 명이 함께 잠을 잤었고, 런던의 빈민가 지역에서는 방 하나를 다수의 가족이 공유하는 초과밀 상태가 이어졌던 것이다.

메이드는 노동시간이 길고, 자유 시간은 적었으며, 급료도 일반인의 절반 정도였다. 19세기 말에는 근무시간도 짧고 자유 시간도 많은 다른 선택지도 등장했다. 하지만 방값과 식비를 현금으로 환산해서 생각하면 그럭저럭 유리한 근무지였다. 메이드가 되기로 결심했거나 아니면 될 수밖에 없었던 최대 다수파의 소녀들—그 첫걸음을 다음 장에서 살펴보기로 하자.

영국 메이드의 욕실 · 화장실 사정

✿ 지하에서 온수를 끌어올려서 입욕

예전에는 목욕이 상당히 사치스러운 것으로 여겨졌었다. 하지만 유복한 집의 경우 1840년대에 이미 온수 파이프를 집안으로 연결한 집이 등장했고, 1870년 대에는 중류계급에서도 같은 설비를 갖춘 집이 나타나기 시작했다. 하지만 그런 것은 필요 없다고 생각한 사람도 있었다. 사용인이 있으면 지하의 키친이나 스컬 러리의 보일러로 끓인 온수를 필요할 때 가져오라고 하면 되기 때문이었다.

따라서 수도꼭지를 틀면 온수가 나오는 급수설비의 보급 속도는 가정마다 달 랐다. 욕실은 대부분 2층 이상의 장소에 있다. 메이드의 입장에서 보면 목욕 때 문에 무거운 물이 든 커다란 물뿌리개 Hot Water Can 를 옮기는 것은 상당히 힘든 노동이었다. 일부 집주인은 샤워를 좋아했는데, 이것도 초기에는 온수나 물을 수 동으로 넣어야 했다. 그 수고는 메이드가 감당해야 하는 몫이었다.

예를 들어 온수가 나오는 욕실이 있어도, 사용인과 똑같은 시설을 사용한다는 것은 말이 안 된다고 생각하는 주인들이 많았다. 욕실을 사용할 수 없는 경우에

▶ 백화점 「해러즈Harrods」의 카탈로그 (1895년)에 실린 힙 베스. 안쪽이 법랑 으로 되어 있고 바깥쪽이 오크로 된 고급품이 41인치 사이즈에 21실링 5 펜스.

《「밤낮 상관없이 언제든지 뜨거운 물이 나옵니다.」마님의 목욕물을 준비하는 메이드. 급속 열 탕기의 잡지 광고, 1917년.

는 물을 길어 나를 수 있는 욕조, 일반적으로는 허리 높이까지 물이 잠기는 소형 「힙 베스」를 침실로 옮겨와서 난로 앞에 두고 지하에서 온수를 길어와 입욕했다. 세탁실에서 빨래를 삶을 때 사용한 물을 이용하는 경우도 있었다. 뜨거운 욕조에 어느 정도의 빈도로 들어갈 수 있는지는 주인의 방침에 따라 달랐다. 20세기 초까지는 일주일에 한 번이 일반적이었던 것 같다.

1913년에 어느 팔러 메이드 Parlour maid 가 직업 등록소를 통해 응모한 퍼니 울거 Funny Ullger [주1)]는 답신에 「우리 집에는 온수·급수 시설과 화장실이 있습니다」라고 적혀 있었던 것을 기억하고 있었다. 제1차 세계대전 전년도였던 그 시기에는 온수와 물이 나오는 수도꼭지, 수세식 변기가 아마도 유능한 사용인을 데리고 오기 위한 어필 포인트가 될 것이라고 생각했던 것 같다. 하지만 막상 그 직장에 들어가서 보니 첫 번째 집은 욕실이 하나밖에 없었고, 당연히 메이드는 사용할 수 없었다. 이 목사관에서는 요리사가 오래 근무하지 못하고 금방 관두곤 했는데 그 이유가 목욕에 관한 불만이 컸기 때문이라고 한다.

「한 달 동안 한 번도 목욕을 하지 못했습니다.」

개중에는 심보가 고약한 고용주도 있어서 1900년대에 릴리안 웨스터 Lillian Wester 가 일했던 집은 식사도 위생상태도 좋지 않았다.

「한 달 동안 한 번도 목욕을 하지 못했습니다. 실제로 제대로 머리를 빗을 시간도 없어서 허리까지 늘어뜨리고 다녔습니다. 겨우 본가로 돌아가게 되었을 때, 엄마가 그 머리카락을 싹둑 잘라주어야 했습니다.」

릴리안은 극단적인 경우이고, 설령 목욕은 일주일에 한 번이더라도 몸은 매일 씻는 것을 권장하고 있었다. 1869년의 중류 가정을 대상으로 한 지침서 「카셀의 가사 가이드Cassell's household guide」에서는 얼굴과 겨드랑이, 발, 「사타구니와 그 주변 부분」을 하루에 한 번 비누로 씻을 것을 권한다. 같은 해의 「사용인 매거진」에서도 「발은 매일 씻을 것. 겨드랑이도 마찬가지로 매일 깨끗이 씻지 않으면 불쾌한 악취가 생긴다. '청결은 신을 공경하는 것과 일맥상통한다'」라고 지도하고 있다.

수세식 화장실은 하수도관의 정비나 변기의 개량 등, 19세기를 지나면서 기술

주1) 퍼니 울거(?~1986)
23세 때 영국 남부 켄트 주의 목사관에서 팔러 메이드가 되어 1922년까지 일하고 결혼과 동시에 은퇴했다. 메이드 시절의 생활을 자세히 적은 회상록 「Memories of a Village Rectory」(1983년)가 있다.

🍂 (위)난로 옆에서 아이를 욕조에 넣는 보모 겸 가정교사「걸즈 온 페이퍼」1885년 10월 3일 게
재.
🍂 (아래)수동으로 물을 넣는 샤워. 왼쪽의 보이가 양손에 들고 있는 것이「Hot Water Can」「펀
치」1850년 캘린더.

의 진보와 함께 보급되었다. 하지만 주인들은 집 안의 수세식 화장실을 사용해도
사용인들은 집 밖에 있는 토사와 재로 덮는 재래식 화장실을 사용해야 하는 집도
흔히 있었다. 야간에는 주인도 사용인도 화장실에 가지 않고, 침실에 설치된 변
기 Chamber-Pot 를 이용하는 게 일반적이었다. 그리고 아침, 포트 안의 오물을 치
우는 것은 지위가 낮은 메이드의 일이었다. 대개의 경우, 생활의 여러 면에서 사
용인들은 주인과는 격차가 있는 삶을 살았다.

제2장
메이드의 시작

「집을 떠나서」

첫 직장으로 향한다. 가엾은 제니. 무엇이 기다리고 있을까?
견디기 어려운 대접일까? 좋은 집일까?
낯선 얼굴, 모르는 사람들에게 둘러싸여

「이제 한 사람 몫을 하네」라고
내 밥벌이를 할 수 있다는
말을 들었던 걸 자랑스럽게 생각해.
불안한 마음은 가슴에 고이 접어두자.

배울 수 있는 건 전부 배웠다.
급료는 전부 어머니께 보내자.
신께 감사! 고생 끝에 낙이 온다.
가여운 제니도 꿈을 꾼다.

자, 밝게 웃으면서 말하자.
용기를 내서 작별 인사를.
벌써 열다섯. 울지 않아.
이별을 헛되이 만들지 않겠어.

움직이기 시작한 열차—아아, 기다려.
집 생각을 하니, 벌써 돌아가고 싶구나!
농장이 작아져 간다.

　「집을 떠나서」라는 시와 함께 실린 삽화. 「걸즈 온 페이퍼」 1885년 10월 10일 게재.

메이드도 감정이 있다. 다들 똑같다.

눈물로 젖은 눈을 크게 떠본다. 다들 작은 침대.

그녀는 여기서 사는 것이다.

조용한 밤과 몇 개의 낮이 지나간다.

아아, 「마님」들이여, 만약

가엾은 제니가 집으로 온다면

다정하게 대해주길 바란다.

멍청한 실수도 이상한 부탁도.

당신은 복 받은 지위에 있다.

괴로운 노동은 메이드에게 맡기고 있으니

천사의 곁에 앉은 존귀하신 분의 손이

두 사람을 높은 곳으로 인도하실 것이다. (『걸즈 온 페이퍼』 1885년)

　이 시는 빅토리아시대의 중류 가정, 및 노동자계급 일부에서도 널리 읽혔던 소녀잡지에 실린 것이다. 아직 어리숙함이 남아 있는 시골 소녀가 눈물을 참으며 가족과 헤어져, 홀로 열차에 오른다. 양철 상자를 끌어안고 아주 먼 곳에 있는 직장으로 향하는 것이다. 어쩌면 이 사정을 딱히 여기는 것은 오직 천사와 신뿐일지도 모른다. 센티멘털하고 모럴리스틱한, 그야말로 빅토리아시대다운 정경을 그린 시다. 하지만 이 시에는 그녀들이 앞으로 처하게 될 현실 또한 가감없이 그려져 있었다.

시 안의 「가엾은 제니」는 열다섯 살에 부모의 곁을 떠났다. 하지만 19세기 중반까지 노동자계급 아이들은 더 어린 나이부터 일을 시작했다. 1841년, 슈롭셔 Shropshire 의 한나 컬윅주1)이 자선 학교를 그만두고 인근 가정의 사용인이 된 것은 겨우 여덟 살 때였다. 1853년에 태어난 엘리자베스 심슨 Elizabeth Simpsons 은 열 살 때 요크셔의 해러게이트 Harrogate 의 대저택에서

JENNY'S FIRST PLACE.

CHAPTER I.

❧ 「제니의 첫 직장」이라는 책의 권두 삽화. 먼 곳으로 떠나는 주인공의 낡은 트렁크를 아버지가 옮겨준다. 1880년대.

키친 메이드가 되어, 아직 캄캄한 새벽 4시에 일어나 낙농실 바닥을 닦았다. 웨일스에서 1858년에 태어난 리글리 Wrigley 부인은 아홉 살 때 목사관의 사용인이 되었고, 이듬해에는 의사 가정에 고용되었다. 일을 잘하지 못해서 주인에게 맞았지만, 글을 읽고 쓰지 못해서 외부에 도움을 청하기도 어려웠다고 한다.

아이들은 모두 학교에 다니면서 파트타임으로 가업이나 이웃의 일을 돕기 시작했고 졸업하면 곧바로 풀타임으로 일했다. 초등교육제도의 보급에 따라서 학교를 마치는 연령은 시대가 지남에 따라 높아졌고, 동시에 일을 시작하는 시기도 늦어졌다. 19세기가

주1) 한나 컬윅Hannah Cullwick (1833~1909)
8세 때부터 사용인으로서 일하기 시작. 대저택, 숙소, 타운 하우스 등에 근무함. 1854년에 만난 신사 아서 먼비Arthur Munby와 1873년에 비밀 결혼. 일기 발췌는 리즈 스탠리 편 『The Diaries of Hannah Cullwick』 등에서 읽을 수 있다.

🐾 시골에 사는 가족을 남겨두고 떠나 메이드가 된다. 구인광고에는 「시골 출신의 소녀를 구함」이라고 적힌 것도 있었다. 건강하고 순종적일 거라 생각했던 것 같다.

끝나고 20세기를 맞이할 즈음에는 아무리 빨라도 13~14세 정도에 취직하는 것이 보통이었다.

첫 직장은 「2류 직장 Petit Place」이라고 불렸다. 먼저 가까운 상가나 농가로 통근하거나 멀리 떠나기도 했다. 어쨌든 미경험자라 처음부터 일을 배워야 했기에 급료는 아주 적었다. 이곳에서 적어도 1년은 버텨서 저축과 경험, 소개장(인물증명서)을 손에 넣어야 했다. 모아둔 돈으로 필요한 옷을 사서 정식 노동시장에 뛰어드는 것이다.

20세기 초, 마가렛 토머스 Margret Thomas 는 집에서 출퇴근하며 보모와 나이프 닦기, 구두닦이로 돈을 모아 제복을 사서 열다섯 살이 되던 때에 「정식 직장」에 취직하게 되었다.

떠나기에 앞서, 소녀 시절에 길게 늘어뜨리고 다녔던 머리를 올려야 한다는 사실에 그녀는 저항감을 느꼈다.

> 「열다섯 살이 되고 싶지 않았습니다. 머리를 뒤로 묶어 검은 리본을 달아 늘어뜨리는 게 좋았고, 올림머리를 어떻게 하는지 몰랐거든요. 하지만 그건 꼭 해야 하는 거라서 브러시로 머리카락을 빗어서 전부 올려 머리 위에서 「둥근 모양」으로 말았습니다. 보세요, 이제는 뭐—어른 「여자」가 다 되었죠. 정말 허무할 정도로 말예요.

일을 시작하는 계기

「자기가 먹을 건 자기가 벌자」, 「어머니에게 용돈을 드리자」— 이것이 소녀들이 메이드가 되는 최대의 목적이었다. 노동자계급의 가정은 항시적으로 간신히 생활을 이어가는 삶을 강요한 데다가 아이들이 많았다. 아버지의 직장은 불안정했으며, 가족 모두가 조금이라도 가계에 도움이 되고자, 일을 할 수 있는 나이가 되면 곧바로 일을 하는 게 당연했다. 남자아이들은 커서 개업이라도 할 수 있도록, 직인이나 상인의 제자가 되었고, 여자아이들은 당연히

🌿 1900년대 초. 찍은 사진을 엽서에 직접 프린트할 수 있는 「리얼 포토 포스트 카드 Real Photo Post Card」가 나왔다. 젊은 메이드들도 제복을 입고 찍은 자기 사진을 엽서로 만들어서 가족에게 보냈는지도 모른다.

가사 사용인이었다. 더부살이(식사, 잠자리 제공)가 가능한 직장에 들어가면 한 사람분이 줄어들게 된다.

경기가 좋지 않을 때도 메이드 일자리만큼은 차고 넘쳤다. 20세기 초에 실업보험 제도가 시작되었을 때, 가사 사용인은 그 대상에서 제외되었는데, 그 이유는 메이드의 수요가 있음에도 실직자라 것은 말이 안 된다며, 공식적으로 인정하지 않았기 때문이었다.

가난이 싫다면, 이것저것 고르지 말고 메이드나 하라는 것이다.

도시에서는 특히 여성이 갖는 다른 직업에 비해 메이드는 한 단계 아래로 보는 경향이 있어서 시대가 흐름에 따라 경원시하는 분위기가 생겼다. 그와 반대로 지방에서는 메이드는 오랫동안 유행을 타지 않는 근무지로 명맥을 이어나갔다. 영국 중부지방의 레스터서Leicestershire 박물관에 있는 구술기록집 『모자와 앞치마Cap and Apron: Oral History of Domestic Service in the Shires, 1890-1950』에는 「메이드만이 할 수 있는 일은 없었다」고 기록되어 있는데, 전통적인 가치

❀ **(왼쪽)**일찍부터 메이드로 일을 했던 루스 더글러스 부인의 13세 무렵 사진. 1913년.
❀ **(오른쪽)**런던에서 일하고 있던 13세의 어린 메이드 오브 올 워크. 보모일까지 겸하고 있었던 모양이다. 1911년.

관에서 벗어난 「새로운 직종」에 대한 두려움을 나타내는 발언이 몇몇 보인다.

「공장에서 일한 적은 한 번도 없습니다. 바라지도 않았습니다. 메이드 이외의 일은 생각해보지도 않았습니다.」 **(1910년대)**

「젊은 여자가 할 수 있는 일이 달리 없었고, 가게 점원 정도는 할 수 있었을지도 모르지만, 그건 싫었습니다.」 **(1920년대)**

「어머니께서 공장은 무서운 곳이라고……. 뭔가 소박한 프라이드 같은 걸 가지고 있었습니다. 즉, 공장에 다니는 여자들은 다들 입이 험하고, 좀 천박하다고 생각했습니다. '공장 같은 곳은 절대 안 돼. 일할 곳이 못 돼.'」 **(1922년)**

공장, 가게, 오피스 등 새로운 직업은 돈으로 맺어진 근대적인 계약관계다. 명확한 근로시간, 행동의 자유도 보장되었다. 메이드도 고용 관계와 금전을 바탕에 두고 있긴 했지만, 옛 시대의 주종 관계 인식이 사라지지 않아 심신心身이 같이 구속되는 일이었다. 전통 질서를 중요하게 생각하는 지방에서는 인기 직업이었으나, 자유를 동경하는 도시의 여자에게는 기피의 대상이었다. 그러한 도식이 부상했다.

경건한 침례교파의 가정에서 태어난 바이올렛 리들[주2]은 1930년대에 메이드로 일하기 시작하여 훗날에는 윈스턴 처칠의 집에서도 시중들게 되었다. 그녀는 중국으로 선교하러 가는 것이 꿈이었으나 그것은 이룰 수 없었다.

「내가 무엇을 하고 싶은가 따위는 문제가 아니었습니다.
요즘 젊은 사람들은 기묘하게 생각할지도 모르겠지만, 그 당시에는 진로를 결정하는 것은 부모님이나 교사의 역할이었습니다. (중략) 아버지께서 메이드가 되라고 하셨기에 반항할 생각은 하지도 못했습니다.」

바이올렛과 달리 자신의 꿈이나 목적을 위해 이 일에 뛰어든 사람도 있다. 로지나 해리슨은 여행을 많이 할 수 있을 거라고 생각

주2) 바이올렛 리들Violet Liddle
1922년 케임브리지 출생. 14세 때 비트윈 메이드가 되어 극작가 버나드 쇼George Bernard Shaw의 집과 처칠Winston Churchill 수상관저에서도 근무함. 컨트리 하우스를 무대로 한 『Gosford Park』에 사용인 생활의 조언자로 초대받았다. 자서전으로 『Serving the Good and the Great』(2004)가 있다.

해서 레이디스 메이드가 되었다. 다른 사람들과는 조금 다른 뜻을 품었던 그녀는 목표와 직업이 일치한, 운이 좋은 케이스였던 걸지도 모른다.

취직 방법

취직자리를 찾는 방법 중 하나로 입소문이 있었다. 이미 일을 시작한 자매나 친구 혹은 지인이 있다면 추천을 기대할 수 있었다. 때로는 잡화점이나 소매점 등이 구직·구인정보가 모이는 장소가 되기도 했다. 메리 앤 애쉬퍼드Mary Anne Ashford 라는 여성은 런던의 어느 상점주인의 소개로 요리사 일을 할 생각으로 찾아갔는데, 문을 두드리려던 바로 그 순간, 지나가던 치즈 판매인이 「이 집, 석 달 동안 요리사가 네 명이나 바뀌었어요」라는 말을 듣고 생각을 바꾸었

❦ 신문 「타임즈Times」 1889년 10월 8일 구인란. 현재 몇 명의 사용인이 일하고 있는지, 맥주값이나 부수입의 유무, 희망 연령 등이 명기되어 있다. 팔러 메이드는 「키」, 「은식기를 닦는 기술」이 요구되고, 하우스 메이드는 「일찍 일어나기」, 「바느질」이 조건에 들어간다.

다고 한다. 입소문을 잘 활용한 예라고 할까?

연줄을 원하는 부모님들이 특히 의지한 곳은 그 지역의 목사 일 가였다. 1920년대, 이스트 앵글리아 East Anglia 지방의 어느 마을에서는 목사관의 비트윈 메이드 Between maid, 하우스 메이드와 키친 메이드를 겸하는 직종 자리가 초등학교를 나온 소녀들에게는 유일한 야망이었다. 목사의 딸이 졸업을 앞둔 희망자 리스트를 관리하고 있는데, 자리가 생길 것 같으면 「미스 엘시는 누구를 부를까?」하는 억측이 마을에 떠돌아다녔다.

1880년대의 옥스퍼드셔에서 소녀 시절을 보낸 플로라 톰슨[주3]의 자전적 에세이 『라크 라이즈 Lark Rise』에서도 목사의 딸이 일을 돕는 모습이 그려져 있다. 이웃 저택에서 스컬러리 메이드나 너스 메이드를 구하고 있으면 소개해주고, 딱히 알맞은 일자리가 없다면 희망자를 모아 신문광고를 냈다.

신문에는 구인과 구직 모두 많은 광고가 실렸는데, 한정된 정보만 실리는 탓에 함정도 있었다. 1922년 남부 웨일스의 탄광촌에서 신문광고를 본 17세 소녀가 「찾습니다, 가사노동을 하는 여자, 행복한 가족이에요」라는 광고를 믿고 찾아간 곳은, 「세상에, 거긴 선술집 Pub 이었어요! 웨일스에 있었을 때는 펍에 여자가 있는 걸 한 번도 본 적이 없었기 때문에 손이 떨렸습니다. 하룻밤 자고 나서 코트를 입고 왔던 길을 되돌아갔습니다.」

주3) 플로라 톰슨Flora Thompson(1876~1947)
옥스퍼드셔Oxfordshire 주니퍼 힐Juniper Hill 출신. 1939년 소녀 시절의 부촌 생활을 고유명사로 바꾸어 쓴 회상록 『Lark Rise』를 간행. 총 3부작으로 된 시리즈인데 그중 제1부는 일본어로 번역되었다.

🖋 미시즈 헌트의 사용인 등록소에서 순서를 기다리는 메이드들. 먼저 등록소의 스태프와 면접한 뒤. 리스트에 희망직종과 이름을 적고. 고용주와 면접한다. 이전 직장의 인물 증명서를 제출하고 승인되면 수수료를 낸다. 1903년경.

도망친 그녀는 친구에게 사용인 등록소에 데려가 달라고 부탁해서 겨우 개인 저택의 제2 하우스 메이드가 되었다. 「매시」, 「헌트」, 「메이페어 에이전시」 등 이러한 종류의 등록소는 예전부터 존재했는데, 19세기 후반 이후, 이미 경험이 있는 사용인들이 직장을 옮길 때 곧잘 이용하게 되었다.

「채용시장 Hiring and mop fairs」이라는 행사가 열리기도 했다. 원래 농업종사자가 고용 계약을 맺는 정기 행사였고, 그 성격상, 주로 낙농업 일을 하는 데어리 메이드 등이 이용했다고 한다. 19세기 초에는 일을 구하는 요리사, 하우스 메이드가 각각 자신의 직업을 나타내는 달걀이나 빗자루를 들고 새 고용주와의 만남을 원했다고 한다. 이윽고 이 페어는 술을 마시고 도가 지나친 행동을 하는 부도덕함의 온상이 되었다는 비판을 받아, 19세기를 지나면서 점차 노동시장으로서의 기능을 잃고 말았다. 하지만 요크서 등의 지방에서는 20세기까지 살아남았다고 한다.

메이드가 되기 위한 학교

「몹 mop」이 쇠퇴하고 있을 무렵, 도시 지역에서 증가하던 것 중의 하나가 가정 학교나 가사 사용인 훈련학교였다. 초등학교를 졸업한 연령의 소녀들을 대상으로 장래에 가정을 잘 꾸려나가는 주부가 되었으면 하는 바람에서—라고 하는 것은 어디까지나 대외적으로 내세우는 이면으로, 실제로는 메이드 양성 학교—도움이 되는 가사 기술을 가르쳐주었다.

대규모 설비를 갖춘 본격적인 학교부터, 작은 집을 교사로 삼은 곳, 공적자금을 기반으로 한 곳, 귀족 부인의 후원으로 운영되는 개인적인 성격을 지닌 곳까지 내실은 다양했다. 예를 들면 1890년 노샘프턴서 Nothamptonshire 에 설립된 가정 학교에는 초등학교를 졸업한, 14세의 선발된 학생이 기숙 생활을 하면서 8개월 동안 집중 코스를 밟을 수 있었다. 수업은 아침 6시 30분부터 시작해서 요리, 세탁, 의복 등을 배웠다. 이곳의 경우, 체류 비용은 무료였으나, 정원은 30명으로 적었고, 학교에 따라서는 비싼 수업료가 필요했다. 운 좋게 장학금 심사에 통과하지 않는 한, 가난한 가정의 소녀들이

⚜ 조지 아돌퍼스 스토리George Adolphus Story, 「고아들」 1879년. 긴 책상에서는 특징적인 고아원의 제복을 입은 아이들이 공부를 하고 있다. 오른쪽에는 양친을 잃은 지 얼마 되지 않아 보이는 상복을 입은 두 소녀가 있다. 둘 다 언젠가는 남의 집에 일하러 가게 될 것이다.

아무나 쉽게 갈 수 있는 곳은 아니었을 것이다.

직업훈련기능은 고아원이나 구빈원에도 있었지만, 실생활에서 바로 적용할 수 있는 게 아니어서 그것을 통해 취직하려는 여자아이들에게는 고생이 기다리고 있었다. 급료는 평균보다 적게 책정되었다. 영양이 부족해서 몸집이 자그마했기 때문에 팔러 메이드 등 외모를 중시하는 직종에 몸담는 것은 무리였을 거라는 증언도 있다. 제1차 세계대전 이전의 시기에 13세였던 힐다 스트레인지 Hilda Strange 는 고아원에서 원장이 불러내었던 일을 회상했다. 친구들이 일렬로 줄을 섰고, 손님으로 온 레이디들이 다가와 한 명씩 뚫어지게 살펴보았다. 지역 상인의 아내에게 「이 아이로 할래요. 건강해 보이네」라고 선택받았을 때의 그 말을 힐다는 한 자도 빼먹지 않고 똑똑히 기억한다고 했다.

어떤 방법을 거쳤다 하더라도 최종적으로는 여주인, 혹은 그녀

🔖 **(왼쪽)**새 메이드의 다락방에 찾아와 곧바로 지도하는 여주인. 소박한 트렁크, 모자 상자, 세면도구 등이 보인다. 로슨 우드Lawson Wood, 『더 스케치The Sketch』, 1907년 게재.

🔖 **(오른쪽)**거리에서 살던 소녀가 이스트 엔드East End의 자선사업가에게 구제받아 유능한 메이드로서 재출발하기까지. 『더 그래픽』, 1875년 1월 16일 게재.

를 대신하는 가정부가 면접을 본다. 아직 어렸던 소녀들에게는 어머니나 친구가 곁에 있는 것이 보통이었다.

훗날 자서전에 실린 그 문체에서 상당히 지기 싫어하는 성격이라는 것을 알 수 있는 마가렛 파웰조차 첫 면접 때는 제대로 말도 못 해서 모든 질문에 어머니가 대신 대답했다고 기록되어 있다.

처음으로 일을 시작한 「가엾은 제니」들의 속마음은 십인십색으로 다양했다. 어떤 경우에 처한다 하더라도 머리를 올리고 모자를 쓰고, 한 달, 석 달, 익숙해지지 않는 일을 참아내면 결국에는 자신의 돈을 손에 쥘 수 있게 된다. 가족에게 돈을 보내거나 소소하지만, 자신의 물건을 샀을 때는 분명히 자랑스러운 기분으로 가슴이 벅찼을 것이 틀림없다. 1930년대에 일하기 시작한 아이린 톰슨

Irene Thompson 은 이렇게 말했다.

> 「집을 나와, (훈련소에 들어가) 아주 조금은 내 인생을 손에 넣은 기
> 분이 들었습니다. 일을 시작하면 여러 가지 제약이 있다는 건
> 알고 있었지만, (중략) 참을 수는 있었습니다. 정말로 자립한 것
> 같은 기분이 들었으니까요.」

그것은 어른으로서의 인생에 발을 들여놓은 것과 다름없었다.

🍃영국 서리Surrey 주
에 있던 국립고아원의
모습. 마루 닦기, 세
탁, 다림질을 배우고
있다. 『더 그래픽The
Graphic』, 1874년 7월
11일 게재.

여자아이들과 학교 교육

🌿 계급에 따라 나뉘는 교육

메이드가 일하러 간 가정에는 아가씨가 있는 경우도 있을 것이다. 같은 연령대에, 체격도 비슷할지 모른다. 하지만 속한계급이 다른 두 사람이 살아온 소녀 시절은 커다란 차이가 있다. 중·상류층 가정의 아가씨들과 노동자계급의 여자아이들은 교육 코스가 명확하게 나뉘어 있다.

19세기부터 20세기 초에 걸쳐 부유한 집안의 경우에는 여성 가정교사가 집안에 상주하면서 읽기, 쓰기, 계산, 잡다한 지식, 프랑스 어, 음악, 댄스 등을 가르쳤다. 그다지 실용적이지 않은 「숙녀로서의 교양 Accomplishment」을 중요시 했기에 고전이나 이과 등의 학문은 경시되는 경향이 있었다. 사교계 데뷔가 가까워져 오면 멀리 있는 신부 학교에 보내는 집도 있었다.

🌿 의무교육제도의 발자취

노동자계급의 경우에는 19세기 중반까지 일요학교나 지역의 사영 私營 학교, 가계의 상황에 따라서는 자선 학교에 다니는 것이 보통이었다. 여기서는 초보적인 읽기, 쓰기, 계산, 뜨개질, 재봉을 가르쳤는데, 당시의 부모들은 조금 실용적인

🌿 (왼쪽)런던 남서부 람베스Lambeth지역의 초등학교 요리 수업. 「카셀 패밀리 매거진Cassell's Family Magazine」. 1891년 게재.

🌿 (오른쪽)초등학교에 설치된 석탄 레인지로 푸딩 만드는 법을 배우는 소녀들.

 공립초등학교에서 배우는 그녀들은 신사계급이 아닌 노동자계급 출신이었다.

기술을 가르쳐주는 탁아소 정도로 인식했던 것으로 보인다. 수업료나 파트 업무 때문에 매일 다니는 것은 어려웠고, 일찍 일어나야 해서 포기하는 경우도 많았다. 결과, 현대의 기준에서 생각하면 질과 양 모두가 한참 모자라서 글자는 읽을 수 있어도 쓰는 건 배우지 못했다든지, 배운 것을 듬성듬성 잊어버리는 상태가 발생했다.

1870년, 교육법 Elementary Education Act 1870 의 제정을 계기로 노동자계급의 초등교육은 국가주도하에 시행되었다. 1880년에는 5~10세 아동의 취학이 강제적으로 실시되어 아이를 학교에 보내지 않는 부모는 벌금을 내야 했다. 이윽고 학비가 무료화되고, 1893년에는 11세, 1899년에는 12세, 1918년에는 14세까지가 의무교육 기간으로 지정되었다. 새로운 체제의 공립초등학교에서 여자아이들은 요리와 세탁의 실기를 배웠다.

중류 가정에서 읽었던 잡지 『카셀 패밀리 매거진』의 1894년 호에는 「작금의 메이드」를 다룬 기사가 실렸다. 무기명이라서 전부 실제로 있었던 이야기인지 아닌지는 알 길이 없지만, 다양한 타입의 도움이 안 되는 메이드를 고용하면 고생한다는 체험담이다.

마지막으로 쐐기를 박듯이 등장한 아밀리아 Armilla 는 「빗자루 사용법은 배우지 않았지만, 악기는 잘 연주합니다. 소수점 계산도 할 수 있어요. 옆집에 사는 메이드와 학교도 같이 다녔는데, 그 아이는 계산도 전혀 못 한다니까요!」라며 자랑스럽게 말했다. 결과, 금이야 옥이야 자란 젊은 사람이 아닌, 쓴맛 단맛 다 겪은 중년 여성을 고용하기로 결정하고 이야기는 마무리 지어졌다. 공립학교가 생기기 전의 세대를 선택한 것이다. 참고로 고용주 자신도 소수점은 몰랐지만, 그건 아무래도 상관없는 모양이었다. 「뭐든지 공립초등학교의 탓으로 돌리고 싶지 않

🌸 런던의 배터시|Battersea에 있었던 가정전문학교에서 청소를 배우는 학생들. 『걸즈 온 페이퍼』, 1899년 8월 19일 게재.

🌸 (왼쪽)「쓸모없는 작금의 메이드」의 결정판. 빗자루를 주면 먼지만 풀풀 날리며 「그래도 피아노는 칠 수 있어요」라고 득의양양하게 말하는 아밀리아.
🌸 (오른쪽)잡지기사에서. 깔끔한 것을 좋아하고 성실해서 좋았지만, 몸이 약했던 수잔.

🌸 재봉 수업. 그밖에 요리나 세탁, 다림질을 배웠다.

고, 반대편에 서고 싶지도 않지만.」……이라고 말하면서도 메이드에게 괜한 지혜 따위는 불필요하다는 생각을 하는 듯했다. 당시에는 체벌도 당연한 거였는데, 당시는 제국주의의 전성기였기도 했고, 커리큘럼에는 개선의 여지가 다분히 있었다. 또한 강압적인 규율에 반항하는 「불량소녀」도 적잖이 있었다. 중등교육 이상의 길이 본격적으로 열리는 것은 아직 좀 더 시간이 흐른 뒤의 이야기다. 그럼에도 초등교육이 여자아이들의 심신에 끼친 영향은 이루 말할 수 없다. 메이드 출신들이 자서전을 통해 자신의 인생을 뒤돌아보며 당시 겪었던 것을 이야기하고 자서전을 쓰는 등의 활동을 활발히 할 수 있었던 것은 19세기를 지나 20세기에 들어오면서부터의 일이다. 읽고 쓰기가 불가능했다면, 그녀들의 생활 대다수가 수수께끼로 남았을 것이다.

제3장
메이드의 일

🔖 (왼쪽)밀랍과 테레빈유를 섞은 광택제polish를 사용해서 거울처럼 될 때까지 바닥을 닦는다.

🔖 (오른쪽)마님의 인테리어 바꾸는 일을 도와 완성도가 떨어지는 유화를 응접실에서 다락방으로 옮긴다.

🔖 1주일 동안 할 일이 적힌 예정표를 바라보며 한숨을 쉰다. 『카셀 패밀리 매거진』, 1893년 게재.

하우스 메이드의 시간표 (1920년대)	
●6:30 am	기상.
	만찬실의 난로를 청소하고 불을 피운다.
	카펫을 쓸고 먼지를 턴다.
	도서실 난로를 청소하고 불을 피운다. 쓸고 먼지를 털어낸다.
	당구장의 난로를 청소하고 불을 피운다.
	쓸고 먼지를 턴다.
	계단을 닦는다.
	응접실의 난로를 청소하고 불을 피운다. 바닥을 닦는다.
	거실의 난로를 청소하고 불을 피운다.
	대기실을 쓸고 먼지를 턴다.
	파란 계단을 쓸고 먼지를 턴다.
●8:00 am	사용인 홀에서 아침 식사.
●9:00 am	침실 청소. 침실 담당을 도와 각방의 오수를 비우고

🔖 변변치 못한 숙소에서 비정한 주인에게 혹사당하는 제네럴 서번트General Savant의 이미지. 『걸즈 온 페이퍼』, 1896년 7월 20일 게재.

「분 단위」의 스케줄

1920년대에 어느 집의 하우스 메이드가 된 라비니아 스웨인뱅크Lavinia Swain-bank는 하루에 해야 할 일이 적힌 일정표를 받았다. 하지만 너무나도 빡빡한 일

아침 일찍 하는 일은 난로 청소. 타고 남은 재를 꺼내고 쇠로 된 부분에는 흑연을 묻혀 광을 냈다.

창문 닦기도 중노동이다. 창문 바깥쪽은 위험에서 남자들에게 도움을 청하기도 했다고 한다. 『걸즈 온 페이퍼』 1887년 7월 4일 게재.

손 씻는 물과 마실 물을 교체한다.
난로를 청소하고 불을 피운다.
각 방에 석탄과 장작을 보충한다.
침실을 쓸고 먼지를 턴다.
욕실을 청소한다.
오후의 제복으로 갈아입는다.

- 13:00 pm 사용인 홀에서 점심 식사.
오후에는 은식기, 놋쇠식기, 물 운반 용기를 닦고 램프 손질.
- 16:00 pm 사용인 홀에서 티타임.
- 17:00 pm 침실의 불을 교환하러 다닌다.
- 18:00 pm 침실에 뜨거운 물을 나른다.
- 19:30 pm 침대 시트를 정리정돈turn down.
난로에 불을 지피고 오수를 비운다.
석탄과 장작을 보충한다.
다음 날의 조식용 트레이를 하우스 메이드 작업실에 세팅한다.
(*저자 주 : 아마 이 일을 마친 후에 가볍게 저녁을 먹었을 것 같다.)

청소와 요리와 급사를 겸하는 메이드 오브 올 워크. 무거운 식기를 혼자 키친까지 가지고 간다.

정을 본 그녀는 이렇게나 많은 일을 어떻게 하면 하루 안에 끝낼 수 있냐며 의아하게 생각했다. 하지만 나중에 이것은 아주 평범한 인간을 「시계처럼 부드러운 리듬으로 움직이는, 기름을 잘 바른 기계와 비슷한 무언가」로 바꾸기 위한 기초훈련이었다

생선 요리의 소스를 한 명 씩 부어주면서 다님. 급사는 호스트의 왼쪽 옆에 있는 여성부터 시계방향으로 돈다.

접시에서 커버를 벗기고, 조심스럽게 뒤집는다.

식탁에서 시중드는 법을 지도하는 기사. 지도기사. 잔뜩 볼륨이 들어간 숙녀의 스커트가 상하지 않도록 조심스럽게 의자를 밀어 넣는다. 「걸즈 온 페이퍼」 1887년 4월 30일 게재.

고 느꼈다. 일에 익숙해져서 시간에 따라 일하는 것을 익히고 나면 「분 단위 훈련의 정밀함」이 몸에 배어들어 50년 이상이 지난 후에도 그녀의 몸속에서 사라지지 않았다고 한다.

이러한 행동 예정표를 만들어 스태프에게 나누어주는 관습은 널리 퍼져 있었다. 각각의 내용을 비교해보면 미묘한 차이가 있고, 같은 직종이라고 하더라도 가정마다 일의 경계는 제각각이었음을 알 수 있다. 라비니아와 같은 하우스 메이드는 청소와 난로나 등불 관리를 주로 담당했다. 하지만 그녀의 시간표에는 극히(?) 기본적인 사항만 적혀 있었는데, 틈새 시간 활용법이나 다른 부서를 도와주는 일에 대해서는 나와 있지 않았다. 바느질도 포함되어 있지 않았으며, 현관에서 손님을 응대

하는 일이나, 아가씨의 머리를
묶어주거나, 세탁을 도와주는
잡무까지 요구받기도 했다.

일의 양은 그 집의 위치나
계절에 따라서도 달라졌다. 도
시의 타운 하우스라면 봄과 여
름의 사교 기간에 파티가 늘어
났다. 수렵에 나서기 좋은 시
골 저택이라면 가을과 겨울은
전쟁터를 방불케 했을 정도였
다. 하우스 메이드에게는 어느
집이든 「봄맞이 대청소」가 가
장 큰 행사였다. 주인들이 이
동하고 집이 비었을 때, 2주에
서 한 달에 걸쳐 집 안을 철저
하게 청소하는 것이었는데, 벽
이나 천장을 새로 바르고 커튼

물잔을 접시 위에 올려놓고 물을 따
른다. 음료를 제공할 때에는 오른쪽
뒤에서. 음식 접시는 왼쪽 뒤에서.

어시스턴트가 없어서 청소나 잡무까
지 해야 했던 요리사.

을 떼어내어 빨고, 가구는 분해해서 닦았다. 평소보다 힘든 일이
었지만, 다 끝낸 후에 휴식 외에 별도 보너스가 나오지는 않았다.

스태프 구성이나 여주인의 생각 하나 만으로 메이드가 해야 하
는 일이 크게 달라졌다. 이러한 점을 염두에 두고, 백 년 전의 영국
에서 메이드가 되었다면, 처음 해보는 일이었을지도 모르는 일을

《 (왼쪽)문 앞의 정면 계단을 닦는 메이드 오브
올 워크 하나 컬윅. 1863년 혹은 64년에 촬영.
《 (오른쪽)하트퍼드셔Hertfordshire의 선술집에서
일했던 메이드 오브 올 워크의 초상. 1862년
촬영.

중심으로, 일상 업무를 살펴보도록 하자.

모든 일을 하는 메이드 오브 올 워크Maid of all work

「'제너럴general'을 찾고 있다는 사람들이 왔기에 나는 그 일에
무엇이 포함되어 있냐고 물었습니다. 그러자 '전부입니다'라는
대답이 돌아왔습니다.」 (아이린 톰슨)

「메이드 오브 올 워크」, 「제너럴 서번트」. 혹은 단순히 제너럴이
라고 불리는 그녀들은 사용인을 한 명, 혹은 두 명밖에 고용할 수
없는 작은 집에서 「모든」 가사노동을 하는 존재였다. 이들은 중류
계급 이상인 「신사의 집」뿐 아니라 상인이나 직인의 집, 학교나 작
은 숙소 등에 고용되어 쉴 새 없이 쏟아지는 중노동을 견뎌야 했다.

1833년에 태어난 한나 컬윅은 노동자계급의 여성의 손으로 쓴 기록문학이 상당히 드물었던 시대, 1854년부터 1873년에 걸쳐 방대한 양의 일기를 남겼다. 하지만 이것은 발표를 염두에 둔 것이 아니라 그녀와의 계급 차이 때문에 비밀리에 교제할 수밖에 없었던 신사 아서 먼비에게 매일 어떤 일을 했는지 전하기 위한 수단이었다. 그의 곁에 있을 수 있다는 이유와 그녀 자신이 힘든 중노동에서 가치를 발견할 수 있었기에 상위직으로 올라가지 않고 제너럴 서번트로 계속 일했다. 한나의 인생은 평범하지 않았을지도 모르지만, 그 일기는 빅토리아시대 메이드의 평범한 일상을 자세히 전해주고 있다.

날짜가 표시된 본문은 많은 부분이 같은 작업의 반복이 차지하고 있다. 타인의 눈을 피해서 쓰는 연인에게 보내는 편지이기도 했고, 특히 프라이버시가 결여된 직장에서는 천천히 생각을 정리해서 문장을 쓸 시간도 없었을 것이다. 그리고 반복되는 작업 사이사이에 「주인님(먼비)」과의 교류, 고용주나 동료와의 대화, 드물게 벌어지는 해프닝 등이 끼어 있다. 예를 들면 1860년 7월 18일, 그녀가 27세 때의 일기는 아래와 같다.

「키친에 불을 피웠다. 난로 청소. 방을 쓸고 먼지를 털었다. 부츠를 닦았다. 계단 위로 아침 식사를 들고 올라갔다. 침대 정리를 하고, 오수를 정리했다. 아침 식사 정리와 설거지. 나이프 닦기. 점심 식사를 준비하고 식탁보를 깔았다. 식기를 정돈하고 빵을 구운 후, 한동안 일식을 바라보았다—아주 짧은 시간이었지만 정말 멋있다고 생각하며 이런 건 모두가 알고 있어야 한다고 생각했다. 키친 청소. 『주인님』과 만났을 때 더러운 것을 닦아주신 수건을 빨았다(면비의 요청으로 하나는 일부러 후줄근한 모습으로 만났다). 주인님의 점심 식사를 준비했다. 내 몸을 단정히 하고 차를 마셨다. 전언을 전하고 식기를 정리했다. 동료인 앤이 남동생과 함께 소총을 든 군인들을 구경하러 갔기에 대신 아이들을 정원으로 데리고 나왔다. 아이들을 재우고 오수를 버렸다. 계단 위로 식사를 가지고 갔다. 식기를 정리하고 11시에 취침.」

기상은 6시 혹은 6시 반, 취침은 10~11시. 매일 열여섯 시간을 넘기는 장시간의 노동이었으며, 파티, 요양, 동료들의 일을 돕는 등, 정식 업무 이외의 일이 들어오면 더 길어졌다. 본가로 귀성했을 때는 「7시 넘어서 일어남」, 크리스마스 당일에는 「8시에 기상」이라고, 늦잠을 잔 것을 기록해놓았다. 하지만 크리스마스이브에 할 일을 마치고 취침한 것은 새벽 4시였다.

아무리 일이 힘들어도 유리한 직장을 선택할 수 있는 연줄이나 돈이 없으면 여기서부터 시작할 수밖에 없다. 1871년의 국세조사에서는 영국의 여성 사용인 중 거의 3분의 2가 「제너럴」이었다. 1881년, 레스터셔의 메드번Medbourne 마을에서는 가사사용인이 있는 열 한 채의 집 전부가 사용인을 한 명만 고용하고 있었다. 메이드 오브 올 워크는 최대다수파인 메이드들 중에서도 과반을 차지하는 존재였다.

스컬러리 메이드의 손

1920년대 초, 마가렛 파월이 썩 내키지는 않았지만 가사 사용인으로의 인생을 시작하려고 했을 때, 예전에 메이드를 했었던 그녀의 어머니는 이렇게 말했다.

「넌 바느질을 싫어하지? 그렇다면 키친 밖에 갈 곳이 없겠구나. 팔러 메이드는 테이블보나 냅킨을 전부 바느질해야 하고, 하우스 메이드는 시트. 너스 메이드는 아이들의 옷을 바느질해야 하거든. 어쩌면 새로 만들어야 하는 일이 생길지도 몰라. 하지만 키친 메이드는 바느질을 하지 않아도 돼.」

"그럼, 키친 메이드가 될래요."

🌸 냄비나 접시를 닦는 스컬러리 메이드. 비누나 식초를 사용해서 뜨거운 물로 씻은 다음 찬물로 헹군 뒤, 위에 보이는 선반에서 건조시킨다.

🌿 커다란 조리대 앞에서 요리하는 요리사와 키친 메이드들. 등 뒤에는 구리 냄비나 젤리 틀이 늘어서 있고, 안쪽의 방이 스컬러리이다.

이리하여 바느질을 무척 싫어하는 마가렛의 어머니가 설명한 것처럼 신입 메이드가 캐리어를 시작하는 장소 중 하나가 키친이었다. 키친 메이드보다 한 단계 아래인 스컬러리 메이드가 되는 경우도 있었다. 그 이름대로 스컬러리에 틀어박혀서 흰 모래나 탄산나트륨(세탁 소다)이나 비누를 사용하여 온갖 냄비나 식기, 조리기구를 하루 종일 닦아야 했으며, 집 안에 뜨거운 물을 공급하는 보일러의 불도 관리해야 한다. 상당히 단순하면서도 힘든 일이었다. 마가렛과 같은 시기에 스컬러리 메이드가 된 밀리 밀게이트Milly Milgate는 설거지 담당이 피해갈 수 없는 습진의 괴로움을 회상했다.

「당시 키친에서는 구리 냄비를 사용했습니다. 식초와 소금으로 씻었죠. 소다를 녹인 물에 24시간 젖어 있는 손은 당연히 딱딱해지고 튼살이 생겨서 욱신욱신 아픕니다. 그런 상황인데 소금과 식초를 사용해서 구리 냄비를 닦았죠. 그렇게 해야 반짝반짝 광이 났기 때문입니다.」

🍂 에식스Essex에 있는 저택 「오드리 엔드 Audley End」에 재현된 1880년대의 스컬러리. 납을 붙인 깊숙한 싱크대 위에는 접시를 두는 선반이 있다.

밀리는 일이 힘들어서 곧잘 울었다고 한다. 역시 같은 시기인 1925년 4월. 스코틀랜드에서 태어난 진 레니[주1]는 19세 때 스컬러리 메이드의 근무지를 소개받아 암담한 기분이 들었다고 한다.

「나는 스컬러리 메이드가 어떤 일을 하는지 잘 알고 있었다. 인종 중에서 최하층의 존재—모든 사용인의 찌꺼기, 사용인의 사용인. 그리고 영원한 스케이프고트Seapegoat, 희생양, 욕구불만이나 분노를 푸는 대상을 의미한다인 것이다.」

이미 다른 저택과 공장에서 근무해봤던 터라 나름의 경험을 쌓

주1) 진 레니Jean Reny
1906년 스코틀랜드 남서부 출생. 진학을 희망했지만, 단념하고 하우스 메이드, 공장 근무를 경험하고 19세 때부터 키친 사용인으로서 일했다. 노래와 글 쓰기를 좋아하여 1934년에는 잡지에 단편소설을 발표하기도 했다. 자서전으로 「Every Other Sunday」가 있다.

은 적지 않은 나이의 진은 정신적인 압박감을 느꼈다. 확실히 스컬러리 메이드는 컨트리 하우스에서 가장 지위가 낮고, 급료도 적었으며, 최연소였기 때문이었다. 통상적으로 그 일은 초등학교를 나와「2류 직장」에서 1년쯤 일한 경험이 있던지, 아니면 전혀 경험이 없는 소녀들이 한다. 사무직을 희망했던 그녀가 하고 싶었던 일은 아니었다.

키친의 희비극

커다란 저택에서 일하게 되면 설비도 관습도 지금까지와는 완전히 달라진다. 그녀들의 본가에서는 토스트나 오트밀 죽, 연하게 탄 홍차가 고작으로, 가끔 고기와 지방을 넣은 미트 푸딩이 별미였을 정도이기 때문이다. 따라서 본적도 들은 적도 없는 식재료들이 넘쳐났다고 해도 무리는 아닐 것이다. 밀리는 당시의 일화를 이렇게 적고 있었다.

「저는 그전까지 키친은 본 적도 없었습니다. ……키친 메이드가 닭을 '드레스'하라고 지시하고 가버렸을 때 저는 생각했습니다. "그래서, 뭘 입히면 되는데?" ……무슨 뜻인지 전혀 몰랐거든요! 파이 껍데기의 프릴을 떼 와서 닭의 목에 두 번 감고, 다리를 묶어 한 번 감았습니다. "이러면 되나?" 기왕 하는 김에 배 부분도 감았습니다.

키친에서 "닭을 드레스했습니다!"라고 말합니다. 파이 껍질

로 한껏 꾸민 제 닭을 보고 다들 경악했습니다! 요리사가 다가
와서 드레스(여기에서는 닭을 손질해서 밑준비를 하는 것)하는 것을 보여주
었습니다—저는 속이 메슥거려서 개수대로 갔습니다. 그 냄새
는 정말이지…!」

어쨌든 눈앞에 주어진 일을 견디지 못한 메이드는 끝이 없었다.
1932년부터 컨트리 하우스에서 일하기 시작한 아이린 볼더슨은
언니 힐다에게 예전에 그녀 밑에 있었던 스컬러리 메이드의 이야
기를 들었다. 그 아이는 편지 한 장과 자신의 개인물건을 전부 남

❦ 사냥한 고기의 저장실Ladder 꿩이나 토끼 등의 고기를 매달아 놓고 숙성시킨다.

기고 야반도주했다고 한다. 단, 손질해서 모아둔 토끼의 가죽만은 가지고 갔다고 한다. 개인 물건은 나중에 소포로 부쳐달라고 할 수 있지만, 현금으로 바꿀 수 있는 것은 그리 하기 어렵다는 것을 알고 있었기 때문이었다. 아이린도 나중에 동료 키친 메이드가 낙농실에 크림을 가지러 간 길로 다시는 돌아오지 않은 사건과 맞닥뜨렸다. 그녀의 경우에는 자신의 코트와 짐을 미리 다른 곳에 숨겨두고, 몰래 가지고 떠난 모양이었다.

아이린 자신은 어떠했냐면―오전 중에는 하우스 메이드, 오후에는 키친 메이드의 일을 겸하는 「비트윈 메이드」부터 캐리어를 시작했다. 일은 역시 산더미 같았지만, 처음에 친언니와 같은 곳에 취직된 행운도 따라줘서 대체로 밝게 일했다고 한다. 설령 매일 38킬로그램의 감자의 껍질을 벗긴다 하더라도, 좋아하는 노래를 부르면서 극복했다.

키친에서의 일은 힘든 것만 있는 게 아니라 기쁜 일도 있었다. 계단 위 사람들의 식사는 당연히 이곳에서 만들어진다. 상류계층 일부에서는 톱클래스의 실력을 자랑하는 프랑스인 셰프를 자랑으로 여기는 집도 있었는데, 진 레니는 키친 스태프의 경우, 냄비에 남은 일류 요리를 마음껏 「간」을 볼 수 있다고 했다. 아이스크림 제조기의 핸들을 끝도 없이 계속 빙글빙글 돌리는 건, 스컬러리 메이드나 키친 메이드의 역할로, 뼈가 휘어질 것 같이 힘든 작업이었다. 하지만 필요한 양만큼을 담고 나면 귀한 생과일을 사용한 얼음(찌꺼기)이 수고의 대가(?)로 남겨져 있었다.

도마 앞에는 프랑스인 셰프가 식칼을 들고 있고, 개방식 오븐 앞에서는 두 개의 고기가 직화 구이 중이다. 스태퍼드셔의 「킬홀Keele Hall」, 1900년경.

채소를 다듬는 키친 메이드. 가족과 스태프의 몫을 다 합친 식재료의 양은 어마어마한 것이었다. 엽서, 소인은 1907년.

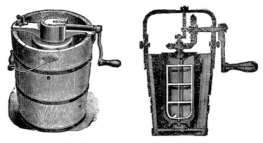

🎐 아이스크림 프리저. 중앙 용기에 재료를 넣고, 주변에 얼음과 소금을 넣어 핸들을 돌려 얼린다.

　마가렛 파웰이 키친 메이드였을 때 있었던 요리사도 요리를 완성하고 남은 것은 언제나 배가 고팠던 그녀에게 주었다. 모두 다 함께 나누어 먹을 정도의 양은 아니었기 때문이었다. 하우스 메이드들이 사용인 홀에서 키친 메이드가 만든 소박한 요리를 먹을 때, 키친의 그녀들은 귀족과 함께 사치스러운 만찬을 맛본 것이다. 너무 바쁜 나머지 선 채로 서둘러 먹어야 했지만….

장식품으로써의 메이드

　릴리언 웨스터Lillian Wester는 1907년에 14세의 나이로 초등학교를 졸업하고 먼저 런던의 킹스크로스 King's Cross에 있는 세탁소에서 9개월 동안 일하고, 그 후로 교외의 집에서 너스 메이드(겸 하우스 메이드)로 고용되었다. 이때의 주인은 그렇게 유복한 것은 아닌 듯했다.

「주인님은 사무원인 것 같았는데 '너스 메이드'를 구한다는 상황이 중요했던 모양으로, 나에게 모자와 탈부착 가능한 옷깃과 앞치마를 주셨습니다. 여주인은 저를 사진관으로 데리고 가서 아이들과 함께 사진을 찍었습니다. 그 사진은 아마도 성장한 아이들 중 누군가의 집에 지금 장식되어, '어릴 때 내니가 있었다'는 것을 증명하게 되겠죠.」

다시 말해 그녀의 주인은 실제로는 「아이를 돌봐주는 45세의 하우스 메이드」를 겨우 고용한 것에 지나지 않으나, 귀족 가문처럼 충실하고 경험이 풍부한 「할멈」을 가진 듯한 기분을 맛보려고 했던 게 아닐까. 릴리안은 그렇게 추측했다.

🖋 **(왼쪽)**유모차를 밀며 산책하는 너스 메이드. 끊임없이 경관이 치근덕거렸는데, 우연히 지나가던 마님에게 꾸중을 듣는다. 1889년 11월 9일.
🖋 **(오른쪽)**「해러즈」 백화점의 1895년 카탈로그에 실렸던 유모차. 가장 고급품은 4파운드 2실링.

너스나 너스 메이드의 업무 중 유모차를 밀며 밖으로 산책을 나
가는 게 있다. 그 모습은 곧잘 사람들 눈에 띄어, 거리의 풍물시風
物詩가 되었다고 한다.

그와 마찬가지로 백 년 전 런던에서 쉽게 볼 수 있었던 메이드들
의 모습으로 말하자면, 아침, 문 앞의 계단에 무릎을 꿇고 앉아 계
단을 닦는 모습이었다. 1930년대의 런던에서 트위니tweeny, 비트윈 메
이드를 했던 도리스 헤이즐Doris Hazel은 현관 앞 계단을 「숫돌을 사
용해서 하얗게 만든다」고 했다. 이때, 얼어붙을 것처럼 차가운 아
침 바람이 불어왔다고 기억한다. 그럼에도 그녀가 제복 위에 무언
가를 걸치는 것은 용납되지 않았다. 그런 짓을 했다가는 근처에서
일하는 사용인들과 비교당하며 「창피」를 당하게 되기 때문이다.

🕯 주인(작은 목소리로) 「이건 최상의 클래릿claret, 프랑스 보르도 산의 레드와인인가?」 메리(다
들리도록) 「가지고 계신 것 중에 가장 좋은 겁니다. 주인님.」 와인을 따르는 팔러 메이
드. 「펀치」 1895년 2월 2일 게재.

이렇듯 중류계급의 고용주들은, 메이드를 고용하고 있다는 사실을 자신의 집을 찾은 신사, 숙녀 방문객들에게 적절히 과시하고 싶어 했다. 「팔러 메이드」라는 직종에서는 특히나 그러한 경향이 강했던 모양이다. 팔러 Parlour는 「응접실」을 말한다. 귀족의 대저택에서는 집사나 풋맨과 같은 남자 사용인이 하는 일을 조금 더 작은 세대에서는 그

작업실에서 식기를 손질하고 레이디에게 물을 가져다준다. 「카셀 패밀리 매거진」 1888년 게재.

녀들이 맡아서 했다. 식탁의 급사일은 물론 현관 응대에 손님의 시중까지 드는, 계단 위 사람들의 눈에 잘 띄는 업무였다. 키가 크고 외모가 출중한 아이를 선호했는데, 말하자면 '장식'적인 기능이 중시되었다고 할 수 있다.

많은 소규모 세대에서는 청소와 급사를 겸하는 하우스 메이드 겸 팔러 메이드를 고용해서 계단 위와 아래 양쪽을 오가게 했다. 하지만 「팔러」의 일을 제외한 진짜 하우스 메이드 쪽이라면 이야기가 달라진다. 빅토리아시대의 화가 헨리에타 워드Henrietta Ward는 어느 귀족 저택에서 체험했던 일을 회상했다. 예배당에는 많은 메이드가 있었음에도 불구하고, 예배가 끝나고 모퉁이를 돌아서자마자 「묘하게도 사라지고 말았다」. 어느 날 아침, 부탁하고 싶은

집주인 가족이 집에 없을 때 찾아온 손님을 응대하는 팔러 메이드. 『펀치』 1895년 3월 23일 게재.

것이 있었기에 복도에서 발견한 하우스 메이드를 쫓아갔지만, 역시나 도망치는 바람에 헛수고만 하고 말았다.

집주인의 사촌인 가정부에게 물어보니, 그 집에는 「사용인은 누구라도 손님에게는 그 모습을 드러내면 안 된다. 어기는 자는 해고」라는 엄격한 규칙이 있다는 것을 알게 되었다.

모습을 드러내지 않는 「집의 요정」

적용되는 정도에 차이는 있었지만 이러한 종류의 규칙을 세우지 않았던 집은 적었던 것 같다. 1901년에 출판된 가사 사용인을 대상으로 한 매뉴얼에도 「당신이 하우스 메이드라면 조용히 일하는

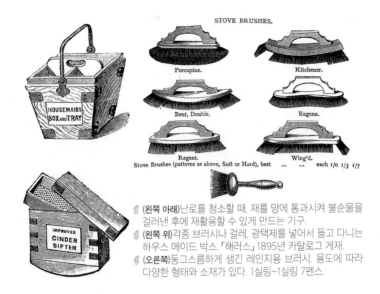

STOVE BRUSHES.

Porcupine.　　　　　Kitchener.

Bent, Double.　　　　Eugene.

Regent.　　　　　Wing'd.

Stove Brushes (patterns as above, Soft or Hard), best　...　...　each 1/0 1/3 1/7

❦ (왼쪽 아래)난로를 청소할 때, 재를 망에 통과시켜 불순물을 걸러낸 후에 재활용할 수 있게 만드는 기구.
❦ (왼쪽 위)각종 브러시나 걸레, 광택제를 넣어서 들고 다니는 하우스 메이드 박스. 「해러스」 1895년 카탈로그 게재.
❦ (오른쪽)둥그스름하게 생긴 레인지용 브러시. 용도에 따라 다양한 형태와 소재가 있다. 1실링~1실링 7펜스.

것뿐만이 아니라, 가능한 한 모습을 드러내지 말 것」이라고 쓰여 있다.

앞에서 말했던 한나 컬윅은 영국 이곳저곳의 고용주들 밑에서 일했다. 그중에서도 해변 휴양지인 마게이트Margate의 야간 근무자 숙소는 좋은 직장이었다고 생각하고 있었다. 1864년과 1867년 두 번에 걸쳐서 일하러 갔지만, 그렇게 유복하진 않아서 오래 있을 수는 없었다. 여주인은 한나를 아꼈다. 침실에서 꾀죄죄한 모습으로 일하는 모습을 보고 불쌍히 여겨, 다정하게 말을 걸어 한나의 더러운 손을 자신의 세면용 물로 씻어주기까지 했다. 하지만 그 후, 1868년부터 3년 반 동안 일한 헨더슨 가에서는 한나는 계단 위로 모습을 드러내는 것이 금지되었다. 일손이 부족해서 차 한 세트를

🍃 나이프 클리너. 광택제를 바르고 세팅한 후에 핸들을 돌려 깨끗하게 한다.　🍃 세탁이 끝난 시트 등을 짠 후에 주름을 펴서 눌러 짜는 기계Mangle. 빅토리아 시대의 세탁실에는 대부분 놓여 있었다.

옮겨야 했을 때는 트레이를 「문밖에 두고 모습이 보이지 않게 주의하라」고 가정부 역을 맡았던 그 집 아가씨에게 지시받았다.

　나중에 요리 쪽으로 진로를 바꾼 진 레니의 경우, 17세 때 처음 사용인 일을 시작했을 때는 저택의 제3 하우스 메이드였다. 그 집 가족들이 사용하지 않는 시간에 침실로 가서 만찬용 드레스를 준비해두었다가 옷을 갈아입는 시간을 알리는 종이 울리기 전에 슬쩍 나오고, 침실에서 옷을 갈아입는 동안 응접실이나 당구장을 돌며 신문이나 잡지를 정리한 다음, 쿠션에 공기를 채워 넣고 난로를 청소하고 불을 지폈다. 그리고 만찬이 시작되면 다시 침실로 가서 침대를 정돈했다. 여기에 대하여 그녀는 이렇게 말했다.

🌿 온수를 옮기기 위한 주전자. 1리터에서 🌿 디너 준비가 다 되었음을 알릴 때 사용하
13리터까지의 사이즈가 있다.　　　　는 공.

「아마, 우리는 눈에 보이면 안 되는 존재였던 것 같았다. 생각
건대, 그것은 마치 요정이 방에 있는 것처럼 느끼도록 하기 위
해서였을 것이다.」

　말쑥한 제복을 입힌 모습을 과시하고 싶은 마음도 없진 않았지
만, 역시 더럽고 비루한 노동은 시야에서 지우고 싶어했다. 고용
인의 태도는 모순적이었다. 업무의 내용이나 시간대가 가정마다
각기 달랐던 것과 마찬가지로 마님과 메이드의 관계도 집의 규모
와 인원 구성, 소속 계급이나 지위, 그리고 각 사람의 성격에 따라
차이가 있었다. 다음 장에서는 그것에 대해 알아보도록 하자.

제4장
메이드와 마님

🍃 아침 식사 전에 행하는 「가족의 기도」 만찬실에서 주인이 성서를 읽고, 벽 쪽에 앉은 메이드들이 듣고 있다. 프레데릭 엘웰 「스콰이어(혹은 가족의 기도)」 1931년.

신이 정한 질서

「사환들아 범사에 두려워함으로 주인들에게 순종하되 선하고
관용하는 자들에게만 아니라 또한 까다로운 자들에게 그리하라
부당하게 고난을 받아도 하나님을 생각함으로 슬픔을 참으면
이는 아름답다」 (『신약성경』 개역개정판, 「베드로 전서」, 2장 18~19절)

빅토리아시대의 응접실에서는 아침이나 저녁, 때에 따라서는 두 번 모두에 「가족의 기도」 시간이 있었다. 주인이 고른 성경의 한 구절을 읽고 들려주는 그 자리에는 가사 사용인도 일을 중단하고 참석해야 했다. 일부 가정에서는 20세기까지 계속 이어가, 1909년에 목사의 가정에서 트위니로 일했던 처브Chubb 양은 「가족의 기도」가 매일 있었던 것, 일요일에는 교회에 가라고 했던 것, 그리고 목사 딸의 「성경 교실」이 있었다는 것을 증언했다. 또, 케터링엄Ketteringham이라는 다른 저택에서는 기도 후에 나쁜 짓을 한 사용인을 다른 사람들 앞에서 훈계하는 풍습이 있었다.

특히 자주 인용한 구절은 불공평하게 보이는 이 세상도 신이 정한 질서 안에 있다며, 주인의 권위를 강화하고 아랫사람들에게 복종을 요구하는 것이었다. 「그리스도를 따르

「비디, 메이드 오브 올 워크」 에든버러의 출판사가 낸 소책자 1868년 판.

커버 뒷면에 붙어 있는 플레이트. 링컨셔의 초기 감리교파 Primitive Methodist 주일학교에서 에이다 스미스라는 여자아이에게 보낸 것이다. 1886년.

글을 쓰지 못했던 비디는 동료 제시카에게 부탁해서 가족에게 대필로 편지를 쓴다. 표지가 조금 섬뜩하게 보이지만 실은 깊은 우정을 나누는 장면이다.

엄마의 무릎에 앉아 처음으로 「가족의 기도」에 참가하는 아가씨. 시끄럽게 하면 안 된다 라는 말에 「할아버지가 제일 시끄러운 걸」이라고 지적하는 모습. 「펀치」, 1881년 12월 6일 게재.

는 것처럼 현세의 주인에게 복종하라」고, 눈앞의 「현실의 주인」인 자신이 말하는 것이었다. 듣고 있던 사용인들은 어떤 기분이었을까?. 정해진 질서를 받아들여 고용인에게 받은 성서를 소중히 간직했던 사람이 있는가 하면, 반항심을 품었던 메이드도 있었다고 한다.

　이러한 「도움이 되는 글귀」는 판지에 붙여서 그녀들의 침실 벽에도 걸렸다. 기도의 시간에 읽고 듣는 것뿐만이 아니라, 아침저녁으로 눈에 들어오도록 한 것이다. 그리고 마님들은 성경 이외에도 다양한 명언이나 속담을 모아서 사용인 구획에 게시했다. 컨트리 하우스의 키친에는 벽에 장식 문자로 「낭비하지 않으면 부족함이 없다Waste Not Want Not」라는 문구가 페인트 되어 있는 곳이 많았다.

「청결은 신을 존경하는 것 다음가는 미덕Cleanliness is next to godliness」
도 많이 쓰이던 문구로, 이 또한 많은 집에 붙어있었다고 한다.

리워드 북

순종을 장려하는 종교 교육은 「2류 직장」에 몸담기 전의 소녀 시
절부터 이미 시작되었다. 노동자계급 아이들은 교회의 주일학교
에 다녔는데, 그곳에서는 크리스마스 선물이나 다양한 이름의 상
품으로 「리워드 북Reward book」을 자주 나누어주었다. 19세기 후반
에 나온 책은 크기가 다소 작고 페이지도 적었지만, 금박으로 가공
도 되어 있고, 삽화도 충실히 들어가서 귀여운 것이 많았다. 단, 그
내용은 예외 없이 신앙, 근면, 복종, 헌신을 권장하고 허영을 꾸짖
는 것으로 무척이나 설교적인 것이었다.

19세기 후반부터 20세기 초에 걸쳐 아동을 대상으로 한 문학의
세계에서는 『이상한 나라의 앨리스』를 시작으로 시대를 뛰어넘어
사랑받는 작품이 많이 탄생했다. 교육적인 효과를 강조하는 내용
에서 해방된 이야기가 비약의 때를 맞이하게 된 것이었다. 한편,
『앨리스』 이전의 도덕관을 배경으로 한 교훈이 담긴 이야기들도
계속하여 대량생산 되었다. 하지만 그 대부분이 오늘날에는 완전
히 퇴색된 채 잊혀진 상태이다.

예를 들어, 『비디, 메이드 오브 올 워크Biddt, Maid of all work』라는 책
의 주인공은 아일랜드에서 태어난 메이드다. 브리짓, 줄여서 비디

아마도 여주인공의 무덤을 찾아온 옛 고용주(마님)로 보인다.

부모님을 잇달아 잃은 엘렌은 가정교사의 길에 들어선다. 리처드 레드그레이브의 유명한 그림. 「불쌍한 선생님」을 대놓고 모방한 삽화.

12세 이하의 어린아이들이 었지만, 얌전하고 순종적인 학생들로 가득했고, 고용주는 정중하게 대해주어 행복하게 지냈다.

잃어버렸던 금으로 된 연필 케이스가 엘렌의 가방에서 발견되었다. 메이드 소피아가 질투심 때문에 함정에 빠뜨린 것이다.

지역 교회에 열심히 다닌다. 신에게 맡기고 믿으면 옳은 것에 빛을 비추어 주시는 심판이 내려진다는 성서의 말에 구원을 얻는다.

본가로 돌아가 바지런히 학생들을 모아 가르치고 있었지만, 절도 혐의로 해고되었다는 소문이 퍼져 몸져눕고 말았다.

엘렌에게 죄를 덮어씌운 메이드 소피아는 양심에 가책을 느껴서 죄를 고백한다.

명예가 회복되었음을 알리러 온 여주인과 목사, 숙모가 지켜보는 가운데 폐병으로 인해 하늘의 부르심을 받은 엘렌.

T. J 바 지음, 「THE GOVERNESS: or The Missing Pencil Case」, 1875년경.

라고 하는 이름은 아일랜드 기원의 이름으로, 특히 이곳 출신 메이드 사이에 흔한 이름으로 간주되었다. 그녀는 처음, 교회에 가서도 졸기만 했는데 마님의 남동생인 신사에게 예쁜 새 성경을 받아, 신앙에 눈을 떴다. 동료 메이드나 이웃, 고용주의 딸에게도 좋은 영향을 주었다. 하지만 어느 날, 아가씨가 열병으로 쓰러지자 혼신의 힘을 다해 간호를 하던 비디마저 감염되어 병원으로 옮겨졌다. 병으로 심하게 앓는 상황에서도 무신론자인 의사를 감화시키고, 이윽고 세상을 떠나는 비디. 그 후, 조용히 세워진 그녀의 무덤 앞에는 그녀 덕분에 생명과 영혼의 구원을 받아 자기 아들을 데리고 온 아가씨의 모습이 있었다.

주위의 사랑을 받으면서 문자 그대로 목숨을 걸고 헌신한 끝에 젊은 나이에 세상을 떠났다. 정말로 센티멘털한 이야기다. 「진실의 이야기」라고 부르는 이 작은 책자를 받은 소녀들이 비디의 훌륭한 생애를 본받았으면 좋겠다고 솔직히 생각했는데 과연 어땠을까.

하지만 여기에는 줄거리 이외에 그냥 지나칠 수 없는 요소도 슬쩍 포함되어 있는 것처럼 느껴진다. 그것은 다른 문화권 출신의 이민자를 메이드로 받아들여 올바른 신앙의 길을 가르친다는 부분이다. 현대인의 시선으로는 이해하기 어려운 부분이지만, 당시 생활 문화 속에서 출신과 종파의 차이는 우리 생각 이상으로 커다란 의미를 가지고 있었다.

🍃 **(왼쪽)**신을 향한 신앙을 축으로 정직하고 충실하게 일하는 메이드가 되도록 인도하는 월간지. 1838년부터 69년까지 발행되었다. 「사용인 매거진」, 1867년.
🍃 **(오른쪽)**메이드에게 일요일의 행선지를 묻는 마님. 「야외 서비스」를 하고 왔다고······. 여기서 서비스란 「예배」와 「군인」, 혹은 「사용인」이라는 의미도 있다. 「펀치」, 1887년 3월 26일 게재.

나라나 종파에 따른 제한

  19세기 중반, 저널리스트 헨리 메이휴Henry Mayhew는 어느 아일랜드 여성에게 그녀 자신의 신상에 관한 이야기를 들었다. 그녀는 15세 때 가사 사용인이 된 이래, 술에 취해서 폭력을 휘두르는 주인부터 선량한 마님까지 다양한 직장을 경험해왔지만, 개중에는 종파의 문제로 떠나지 않을 수 없었던 집도 있었다. 그 고용인은 그녀의 가톨릭 신앙에 사사건건 트집을 잡으며, 가톨릭 미사가 아니라 자신들과 똑같은 감리교파 예배에 다닐 것을 강요했다고 한다. 이 명령을 거부한 결과, 급료조차 제대로 받지 못한 것이었다. 당시, 고용인과 트러블을 일으켜 소개장 없이 해고되면 다음 일자리를 찾지 못하고 그대로 곤궁에 처하는 예가 허다했다. 하지만 그녀는 친절한 고향 지인의 도움으로 딸기 장사를 하며 생계를 이어갈 수 있었다. 그 후에는 결혼해서 남편과 서로 도우며 생활해 나갔다고 한다.

메이드를 구하는 당시의 신문광고 중에는 「크리놀린crinoline, 드레스를 부풀리기 위해 철사로 바구니처럼 만든 것금지」, 「괜찮은 인물 증명서가 필요함」 등의 조건과 함께 「아일랜드인은 응모하지 말 것」, 「No 가톨릭」, 「영국국교회 신도 이외에는 불가」와 같은 나라나 종파에 관한 제한이 기재된 경우도 있었다. 주인은 사용인에게 순종을 가르치기 위해서 신앙을 이용했다. 그리고 일부에서는 자신의 비호 아래에 있는 메이드들이 무엇을 어떻게 믿을 것인가에 대한 문제에도 간섭하려고 했다.

마님과 여성 사용인의 관계

여주인은 메이드의 마음과 몸을 「돌보는 것」을 자신들의 사명으로 생각하고 있었기에, 매주(가족과 똑같이) 교회에 다니고 있는지, 그때 입는 옷이 너무 화려하지는 않은지, 청결한 제복과 모자를 제대로 착용하고 있는지 관심을 기울였다. 통금시간 엄수, 더 나아가서 이성과의 부적절한 교제는 특히 신경 썼다. 물론, 일의 능률도 점검했다. 주어진 과제를 게으름을 피우지 않고 해내고 있는지, 재료를 쓸데없이 낭비하고 있지는 않은지, 장부에는 부정이 없는지, 항목에 따라서는 매일 검사하기도 했다.

❦ (왼쪽)후프(크리놀린) 금지. 스커트를 부풀려주는 속옷 크리놀린은 1850년대부터 60년
대에 크게 유행했다. 싸구려라서 메이드의 것은 길이가 짧다.「펀치」1863년 11월 21일
게재.
❦ (오른쪽)기온 30도인 한여름에「3펜스 어치의 얼음」을 주문하는 마님.「펀치」1885년 8
월 8일 게재.

여성이 여주인과 메이드 오브 올 워크뿐인 작은 세대라면 가사
노동을 분담하는 것도 일상적인 광경이었다. 하지만 세대의 규모
가 커지고 고용인의 수가 늘어나면, 하급 메이드와 마님 사이에 관
리직이 생기면서 거리가 멀어진다. 여성 사용인의 관리자는 가정
부와 요리사, 혹은 그 둘 다를 겸하는 요리사 겸 가정부, 각 부서의
수석 등이었다.

요리사는 아침에 여주인과 만나서 그날의 메뉴를 승인받아야 한
다. 이「의식」이 어디에서 이루어지는지는 각 가정에 따라 달랐다.
요리사가 계단 위의 응접실이나 거실로 불려 올라가는 경우가 있
는가 하면, 요리사 전용 사무실이 있어서 그곳에서 회의를 하는 경
우도 있었다. 어느 공작 가에서는 마님의 아침 식사 쟁반과 함께
집사가 그날의 메뉴북을 전달하는 시스템을 취하고 있었다. 중류

계급에서는 여주인이 직접 키친으로 내려와 상의하는 일도 드문 일이 아니었다. 어쨌든 그 자리에서 키친 메이드는 쫓겨나기 일쑤였다.

§ 젊은 마님「내가 키친에 왔는데 아무도 일어서지 않다니, 놀랐어요.」
진「저희도 마찬가지입니다, 마님. 한참 점심을 먹고 있는 와중에 들어오시다니.」
예의에 대해서. 『펀치』 1868년 4월 11일 게재.

키친 메이드는 요리사의 어시스턴트라서 작업대를 닦고, 그 위에 조리 도구를 세팅하는 역할을 담당했다. 마가렛 파월은 첫 직장에서 자기 나름대로 사용할 것 같은 것을 생각해서 나이프, 스푼, 포크, 밀가루와 소금, 체 등을 대강 늘어놓았다. 하지만 타 부서의 선배 메이드가 그걸 보고 비웃었다. 정답은 온갖 사이즈와 형태의 나이프, 스푼, 거품을 내

§ 요리사「전에 근무한 곳에서는 마님이 '저의' 주방에 들어올 때는 노크를 하셨거든요.」 입장의 역전. 『펀치』 1853년 4월 9일 게재.

는 기구, 체, 강판, 크고 작은 도마, 스파이스나 가루 종류, 그 밖의 여러 가지를 빽빽하게 늘어놓는 것이었다. 이렇게 많아도 전부 다 사용하지 않을 거라 생각했는데 전혀 그렇지 않았다. 몇 번이나 씻고 닦고, 다시 세팅해야 할 필요가 있었던 것이었다.

☙ 「라임 파크」의 키친. 오른쪽부터 순서대로 셰프, 키친 메이드와 스컬러리 메이드, 허드렛 일을 하는 임시 남성 고용인(오드맨Odd man). 다양한 조리 도구가 외과 수술실처럼 놓여 있다.

☙ 링컨셔 생활박물관의 키친 도구 전시. 나이프 클리너와 접시 선반 사이에 있는 기구는 정수기다.

진 레니도 똑같은 세팅을 맡게 되었다. 일부 가정에서는 아침에 마님이 회의를 하러 내려올 때마다 힘들게 늘어놓은 기구 전부를 정리하고, 끝난 후에 다시 늘어놓을 것을 요구했다. 생략은 허락되지 않았다. 정말 쓸데없는 짓이 아닐 수 없다. 하지만 당시의 키친에서는 정해져 있는 올바른 순서대로 일을 처리하는 것을 중요하게 생각했다. 게다가 최하층 메이드의 노력을 절약시켜 주어야겠다는 생각을 마님도, 요리사도 하지 않았을 것이다.

§ (왼쪽)예술에 가까운 솜씨로 디저트 설탕눈을 만들고 있다. 따뜻하게 데운 설탕을 포크
와 국수 밀대로 실처럼 길게 만들어 폭신폭신하게.
§ (오른쪽)「지금 요리사에게 해고 통보를 할 거니까 여기서 듣고 있어. 내 말이 끝나면 바
로 날 불러」라고 동생에게 부탁하는 젊은 마님. 「펀치」1884년 11월 22일 게재.

마가렛과 진은 똑같이 깐깐한 요리사 밑에서 고생한 적이 있다.
당시 요리사는 대개 성미가 급해서 마음에 들지 않는 게 있으면 곧
바로 직장을 관두는 사람들이라는 인식이 있었다. 19세기 전반에
창간한 중류계급을 타켓으로 한 풍자만화지 『펀치』에는 기가 세
보이는 중년 요리인에게 위협을 당하는 유약한 젊은 마님, 이라는
테마가 곧잘 실렸다. 물론 만화이기에 현실을 부풀려서 그린 부분
은 다분히 있다. 하지만 레이디들은 소녀 시절부터 「비천한 노동」
으로부터 멀리 떨어져서 자란 탓에 요리의 기초도 몰랐다. 그러한
그녀들이 가정을 꾸리게 되었을 때 만약 「신의 질서」에서는 자신
이 위에 있다고 믿는다 해도, 몸뚱이 하나만 믿고 살아가는 기술을
가진, 가족의 식생활을 쥐고 있는 요리사에게 위협을 느꼈을 것이
다. 권력 관계가 역전된 것이다.
　마님은 정해진 「의식」의 시간 이외에는 키친에 들어가는 일이 거

의 없었고, 하급 스태프와의 접촉은 관리직을 통해 이루어졌다. 만약 하급 메이드가 일을 그만두고 싶을 때는 가정부가 있다면 그녀에게 말하면 그걸로 끝이다. 없을 경우에는 팔러 메이드 등을 통해 마님과의 「면회 예약」을 잡아야 했다. 한 지붕 아래에 살면서 심리적인 벽은 높기만 했다. 키친 메이드 마가렛 토마스는 요크서의 대저택에서 일했을 때, 여주인과는 딱 한 번 만난 게 끝이라고 했다.

아이들과 메이드의 관계

키친에는 마가렛 파웰처럼 자의식이 강한 반항아만 있는 건 아니었으며, 요리사도 마냥 무섭기만 한 존재는 아니었다. 마님과 주인님을 진심으로 경애하고 근무하는 집안을 자랑스럽게 생각하며 아가씨나 도련님을 금이야 옥이야 귀여워하는 사람도 분명히 있었기 때문이다. 이러한 타입의 사용인은 전통적인 주종관계가 보존되었던 상류계급에 특히 많았던 모양이다.

사용주 가족들의 「앞쪽」과 사용인의 「뒤쪽」에는 경계선이 있었는데, 그것은 쉽사리 넘을 수 없는 것이었다. 하지만 컨트리 하우스의 아이들에게 그 선은 애매한 것이었다. 아니, 별 의미가 없는 것처럼 보였던 것 같다. 보호자에게 엄격하게 제한당하는 일이 많았지만, 그래도 그들은 가끔 경계를 밟고 넘어가, 「뒤쪽」으로 들어갔다고 한다. 키친이나 사용인 홀에 들어가 남은 맛난 음식을 얻어먹었고, 혼이 났을 때는 가정부에게 과자를 받기도 했으며, 메이

🍃 티타임에 참석하는 아이들의 옷을 갈아입혀 주는 너스. 착한 아이처럼 얌전하게 있어야 하는 것이 불만의 씨앗. 『펀치』 1871년 캘린더.

드들과 놀면서 일상을 보냈다. 장래에는 노동과는 인연이 없는 삶을 살아갈 운명인 소년·소녀도 일부 가정에서는 집사에게 은식기를 닦는 법을, 레이디스 메이드에게는 바느질이나 뜨개질을. 그리고 요리도 놀면서 배웠다.

바이올라 뱅크스[주1]는 1900년, 도싯Dorset에 있는 킹스턴 레이시 Kingston Lacy라는 단아한 인상의 저택의 차녀로 태어났다. 그녀는 어릴 적, 모친이 외국에 나가 있을 때, 바닥에 포석이 깔린 키친으로 돌입하여 사용인과 함께 여주인의 부재를 축하했다고 한다. 요리사 겸 가정부인 미시즈 젠크스Mrs. Jenks에게 페이스트리 만드는 법도 배웠다. 이 「너무나도 사랑하는 젠키」는, 어린 자매가 아무리

주1) 바이올라 뱅크스Viola Banks
지주 뱅크스 가의 차녀. 부모가 모두 미남미녀로 사교계에서 유명했다. 저택에는 왕실이나 귀족들이 다수 방문했다. 그녀는 1927년에 의사와 결혼. 회상록인 『A Kingston Lacy Childhood』(1986) 외에 다수의 책이 있다.

키친을 밀가루투성이로 만들어도 화내지 않았다. 하지만 뒷날, 런던의 사교계에 데뷔한 바이올라와 그녀의 언니가 무도회에서 실컷 춤을 춘 후, 막 보충을 끝낸 식량창고를 심야에 습격했을 때에는 역시나 혼이 났다고 한다.

19세기에서 20세기 초에 걸쳐, 중·상류층 가정에서는 아이들과 부모의 생활공간은 분리되어 있는 것이 일반적이었다. 부모와 자녀가 함께 밥을 먹을 기회는 거의 없었고, 만나는 것이 허락되는 것도 하루에 한 번, 오후의 티타임 후, 부모가 마음이 내켜 아이들의 방을 찾아올 때였다. 평소 식사 때는 너스나 너스 메이드, 성장한 후에는 가정교사가 동석했다. 멀리서 우러러보아야 하는 기품 있는 부모님보다 가까이에 있는 그녀들이 피를 나눈 존재처럼 느껴졌을지도 모른다.

메이드와 아이들의 경우에는 많은 공통점이 있다. 먼저, 아직 성숙하지 못한 인간, 교화되어야 하는 대상으로 여겨져서 어른들의 격식을 차린 세계에 모습을 드러내는 것을 거의 금지당했던 것이다. 킹스턴 레이시에서는 아이들은 사용인과 똑같이 뒤쪽 계단을 사용했는데, 대리석이 깔린 중앙계단은 허락되지 않았다.

검은 스타킹을 신고, 오전에는 소박한 옷, 오후에는 말쑥한 드레스로 갈아입어야 했다. 영국의 속담 중에 「Children should be seen and not heard」라는 말이 있는데, 이것은 어른들 앞에서 아이들은 오직 얌전히 묻는

「오늘 아침에 일어날 때, 나, 바보 같은 말 안 했어?」
「아뇨, 아가씨. 하지만 그런 '얼굴'은 하고 계셨어요.」
무도회 다음 날 아침. 솔직한 레이디스 메이드. 「펀치」 1972년 8월 10일 게재.

말에만 대답해야 하며, 어른들의 얘기에 함부로 끼어들거나 말꼬리를 잡아서는 안 된다는 뜻으로, 이 속담은 사용인에게도 똑같이 적용되었다. 따라서 비슷한 처지에 속한 두 그룹은 접근하여 비밀을 공유했다. 부모의 애정을 갈구하는 아이들은 보모나 메이드를 대리자로 삼았고, 사용인들은 아이들과의 관계를 통해 고용주와는 직접적으로 맺지 못하는 정신적인 유대감을 찾았던 것이다.

로지나 해리슨은 예전에 섬기던 어린 아가씨가 외국의 신부학교에 다니다가 돌아왔을 때, 예전의 편하게 대하던 태도가 사라지고, 어른들처럼 쌀쌀맞게 대하는 태도에 상처받았다. 「재회한 그녀는

여자아이의 말투에 주의를 주는 가정교사. 사용인들과 달리 어딘지 모르게 거리감이 있다. 『펀치』 1860년 5월 5일 게재.

처음 만난 사람과 다를 게 없었다.」

아이들도 언젠가는 부모와 똑같은 가치관을 배우게 되는 것이다.

하나가 되는 「우리」

너스나 너스 메이드는 아이들이 어릴 때부터 모든 생활을 돌봐 주기 때문에 부모보다 훨씬 장시간·장기간에 걸쳐 접촉하게 되었다. 개중에는 부모의 신뢰를 무기로 학대하는 자들도 있었지만, 아이들을 사랑하며 애정을 쏟는 너스도 많았다. 아이들이 가정교사의 손에 넘겨지는 이행기에는 예의범절을 가르치는 것과 교육

❦ (왼쪽)깔끔하게 차려입은 아가씨와 도련님. 여자아이는 줄넘기, 남자아이는 채찍을 들고 있다. 너스가 만든 「작품」이리라.
❦ (가운데)아가씨들과 너스 메이드의 기념사진. 아마도 19세기 말로 추정된다.
❦ (오른쪽)영국인 가정이 인도에서 고용한 현지인 유모. 아이와 함께 본국으로 데려가는 경우도 있었다.

과 사랑을 둘러싼 공방전이 펼쳐진다. 그럼에도 그녀들은 아이들에게 필요가 없어져서 직장을 떠난 후에도 성장한 아이들에게서 「사랑하는 내니Nanny에게」, 「그리운 나의 내니」라는 말로 시작하는 편지를 받곤 했다.

1830년대, 피트 허버트Pitt Herbert 준 남작 부인은 더비셔Derbyshire의 본가를 떠나 있는 동안 절반은 은퇴해서 영지 안에 살고 있는 옛 내니 앞으로 빈번히 편지를 썼다. 근황을 묻는 내용의 문장 다음에 이어지는 내용은―「새 가구랑 문은 방에 맞추어 하얀색으로 하고 싶다고 어머니께 말했어요. 침실의 굴뚝 청소도 포함해서 전부 업자에게 맡겼어요. 일이 잘 끝날 수 있도록 제대로 감독해주세요.」「그리고 닭장까지 아이들이 걸어갈 수 있는 자갈길을 만들어 달라고 기술자에게 지시해주세요.」─너스가 해야 하는 일의 범위를 훨씬 넘어섰다. 저택의 영지 운영과 관련된, 집사에 가까운 직무까지 옛 너스에게 맡겼던 드문 예라고 말할 수 있다.

집사, 가정부, 너스나 레이디스 메이드 등의 상급직은 하급 메이드들보다 고용주에게 가까운 위치에 있었다. 큰 파티가 성공적으로 끝나면 집사는 칭찬을 받는다. 레이디스 메이드는 마님에게 드레스를 입히면서 그 센스를 평가받는다. 가정부는 마님과 직접 만나 안색을 살필 수 있고, 내니는 아이들의 입속으로 스푼을 넣어준다. 이렇듯 직접 대할 일이 많은 지위에서 자신들의 일을 높이 평가받으면 「나를 의지하고 있다」는 감각이 싹튼다. 이리하여 자신은 가족의 일원이다─「우리」는 한 가족이라는 충족감을 얻는 것이다.

로지나 해리슨의 회상록에서도 여주인과 자신의 행동을 기술하는 대목에서 때때로 「미국의 식사가 맛있어서 우리 두 사람은 살이 쪘다」, 「우리가 사우샘프턴에 도착했을 때」, 「우리는 소리높여 웃었다」라는 식으로, 「우리We」라는 단어를 사용하고 있다. 그녀가 섬겼던 애스터 자작부인[주2]은 상당히 개성이 강하고 다루기 어려운 사람이었다. 변덕쟁이에 독설가에 고압적인 성격에다가 사용인들에게 고맙다는 말도 할 줄 몰랐다. 하지만 로지나도 그녀가 퍼붓는 독설을 가만히 듣고만 있지는 않았다. 농담으로 포장한 언

주2) 애스터 자작부인 낸시Nancy Astor, Viscountess Astor (1879~1964)
미국 버지니아 출생. 남편의 선거구를 물려받는 형식으로 영국 최초의 여성 하원의원이 되었다. 엄격한 금주주의자이며, 여성과 아이들의 지위 향상을 위해 활동했다. 제2차 세계대전 후에 정계를 은퇴. 남편의 사후에는 로지나를 비롯한 적은 수의 사용인들과 함께 생활했다.

변으로 격렬하게 응수했다.

「나와 당신의 다른 점은요, 로즈. 나는 명령을 내리도록 태어
난 몸이라, 타인을 어떻게 다루면 되는지 경험으로 알고 있어
요.」
「나와 당신의 다른 점은요, 마님. 바로 돈입니다. 돈은 힘입니
다. 사람은 돈의 힘에 경의를 표합니다. 마님이 그걸 가지고 있
기 때문에 다들 정중히 예의를 차리는 겁니다.」

물론 이것은 진심에서 나온 소리는 아니었다. 여주인의 행동에
휘둘리면서도, 로지나는 그 속에 있는 선의를 느꼈고, 전시 상황
에서의 용기나 사회봉사활동에는 강한 감동까지 받았기 때문이었
다. 또한 자작부인도 입으로는 험한 말을 내뱉었으나 실은 마지막
까지 자신의 메이드를 믿고 의지했다. 로지나 본인보다 그녀의 어
머니를 어째서인지 더 정중하게 대접하고, 사이즈가 맞을 리 없는
자신의 드레스를 군이 보내고 싶어 했다는 일화가 그것을 말해준
다. 35년 동안이나 이어진 애스터 자작부인과의 생활을 뒤돌아보
면서 로지나는 「그녀는 내 인생의 '표현'이 되었습니다」라는 말을
남겼다.
자신은 가족의 일원이며, 마님의 일부이자, 그리고 인생이라는
표현의 공동제작자이다. 불합리한 중노동을 불평하지 않고 생애
를 바친 상급 사용인들은 이렇게 느꼈을지도 모른다.

메이드의 이름과 부르는 방식

🌸 지위와 상황에 따라 이름이 달라진다

마님이 사용인들을 부를 때, 직위와 서열에 따라 그들을 부르는 이름이 달라진다. 가정부와 요리사의 경우, 성씨과 함께 결혼 여부에 상관없이 경칭인 「미시즈」가 붙었다. 가정교사는 「미스○○」라 불리는 것이 일반적이었다.

마가렛 파웰은 성이 「랭글리Langley」였는데, 어떤 집에서는 기품 있게 「랭글리」라고 불렀고, 어떤 집에서는 편하게 「마가렛」이라고 불렀다. 키친 메이드나 하우스 메이드 등의 하급 메이드는 퍼스트 네임으로 부르는 일이 많았지만, 레이디스 메이드나 팔러 메이드는 성을 부르는 것이 일반적이었다. 어쨌거나 마님들은 경칭을 붙이지 않고 편하게 불렀다.

🌸 연재소설의 삽화. 선대부터 일한 요리사겸 가정부인 「미세스 벨Bell」이 적응하지 못하는 젊은 마님인 실비아Slivia를 다정하게 위로한다. 『카셀 패밀리 매거진』 1892년에 게재.

「마가렛 랭글리」라는 이름을 본 어느 여주인은 키친 메이드에게는 전혀 어울리지 않는 쇼비지니스 같은 「경박한 이름」이라고 생각한 것 같다. 미모의 여배우로 에드워드 7세의 애인, 릴리 랭트리Lily Langtry를 연상했는지도 모른다. 마가렛의 말에 따르면 메이드에 걸맞은 이름은 「엘시 스미스나 메리 존스」정도였다고 한다. 스미스나 존스는 통계적으로 보아도 영국에서 큰 비율을

💂 마님「폴리나, 네 동생한테 말 할때의 예법은 제대로 가르친 거니?」
폴리나「죄송해요. 마님. 이 아이는 조금도 매너를 익히려고 하지 않아요. 저를 부를 때에도 좀처럼 높임말을 쓰지 않는다니까요!」
자매 사이에도 예의를 지켜야 하는 법. 풍속만화지「Fun」, 1872년 게재.

차지하는 성의 TOP2에 속한다. 그리고 메리, 제인 혹은 메리제인, 마사 등, 18세기 이전부터 있었을 법한 전통적이며「소박한」이름이야말로 메이드에 어울린다고 생각했다.

한나 컬윅의 회상에 따르면 그녀는 자신의 대부의 딸과 똑같은「안나 마리아 도로시」라는 호들갑스러운 이름이 될 뻔했다고 했다. 하지만 그녀의 어머니가 그건 분수에 어울리지 않는다고 말려서 소박하면서도 대부의 딸 이름과 비슷하면서도 메이드에 딱 어울리는 한나라는 이름을 선택했다.

💐 이름을 멋대로 바꾸다

한나의 어머니와 달리 선진적인 생각을 가진 부모가 경박한(?) 이름을 짓는 바람에 만에 하나 주인 가정의 누군가와 우연히 이름이 겹치기라도 한다면 다른 이름으로 바꿔야 했다. 1930년대에 너스 메이드를 했던 아그네스 메리 클라크Agnes Mary Clarke는 어릴 적부터 메리라고 불렸으나 아가씨 중 한 사람과 이름이 똑같아서 아그네스라고 불렸다. 그리고 자신이 돌보던 아이들은 그녀를「아기Ag-

𓇢 젊은 마님 「제인, 남자랑 만났지?」
제인 「딱 한 번 데이트를 했을 뿐이에요.」
마님 「하지만 너 키스했잖아?」
제인 「아뇨, 그냥 친구일 뿐이에요!」
젊은 마님의 풍기지도. 『펀치』, 1871년 5월 27일 게재.

gie」라고 불렀다. 비슷한 때 하우스 메이드였던 마지 피커스길Marge Pickersgill의 여주인은 그녀의 이름이 지나치게 멋을 부린 듯한 느낌이라 마음에 들지 않는다며 「널 마저리Marjorie라고 부르겠다」고 결정했다.

원래 이름이 무엇이든, 메이드가 달라진다고 해도 역할에 따라 정해진 이름으로 부르는 집도 있었다. 이브셤 스튜어드Evesham Steuart부인은 1900년대 이전의 할머니 댁을 기억하고 있었다. 그곳에서 수석 메이드는 항상 에밀리, 그 아래는 제인, 요리사는 샬롯Shallot이었으며, 키친 메이드는 메리였다. 또한 노퍽Norfolk에서 태어난 다른 여성도 할머니 댁의 하우스 메이드가 항상 엠마Emma라고 불렸던 것을 기억하고 있었다.

영국의 레이디스 메이드는 보통 성으로 불렸으나, 미국 남부 출신인 애스터 자작부인은 자신의 메이드인 로지나를 「로즈」라고 불렀다(**「조용히 해, 로즈!」가 그녀의 입버릇이었다고 한다**). 집사나 시종의 경우에도 비슷했으나, 캐나다 출신의 부호는 자신의 시종을 퍼스트 네임으로 불렀다. 순수 영국인이었던 시종 조지 슬링스비 George Slingsby는 주인의 서글서글한 태도를 보고 처음에는 놀랐지만, 반대는 하지 않았다. 주인과 사용인 사이의 거리나 친밀도는 영국과 북미대륙 사이에 상당한 차이가 있었던 모양이다. 마님과 메이드 사이의 거리감은 상대를 무엇이라고 불렀느냐에 나타나기 마련이다.

제5장
메이드와 동료

식사에 관한 「관습」

「사용인 홀의 디너에서는 집사가 가장 안쪽 끝에 앉고, 나의
언니인 요리사 겸 가정부가 반대쪽 끝에 앉았습니다. 언니 왼쪽
에 레이디스 메이드, 키친 메이드, 그리고 비트윈 메이드인 제가
앉았는데, 집사의 왼쪽에는 풋맨, 운전수, 엠마(하우스 메이드), 앨리
스(나이가 있는 수석 하우스 메이드), 그 옆으로 가면 나의 언니인 힐다로
되돌아옵니다. 요리는 서열 순서대로 배식됩니다. 많은 관습과
행동거지를 규정하는 엄격한 룰이 있었습니다. 이 관습은 이 집
의 가족들과 똑같습니다.」

1930년대에 트위니로 일했던 아이린 볼더슨이 말한 것처럼 사
용인 홀의 정찬은 딱딱한 규범과 예의범절 아래에서 이루어졌다.
이런 종류의 관습은 많은 사용인 경험자가 기억하고 있어서 널리

❧ 사용인 홀의 「디너」 테이블 양쪽으로 남녀가 서열순서대로 앉아 있는 모습이 보인다.
1902년.

보급되어 있었던 것 같다. 아이린이 훗날 근무했던 다른 저택에서도 똑같은 룰이 있었다. 단지 좌석 위치가 달랐는데, 테이블 상석인 맨 끝부분에 집사, 그 다음 자리에는 시종이 착석했다. 집사의 오른쪽 옆에서 가정부가 채소를 배식하면 홀보이가 시중을 들었다.

메인 디시가 끝나면 홀보이가 정중히 문을 열고 가정부와 집사, 시종, 두 명의 레이디스 메이드가 줄지어 사용인 홀을 나갔다. 이 상급 멤버는 가정부의 방에서 디저트를 먹는다. 남은 멤버에게도 디저트가 나오는데, 그제서야 잡담이 허용되었다.

다른 트위니인 도리스 헤이젤의 기억에도 접시가 나오는 순서는 역시 사용인의 서열에 따라 달랐다. 그녀는 막내라서 가장 늦게 음식이 나왔기 때문에 「내 음식이 나올 때까지 몇 접시나 지나가는 걸 보면서 침이 나올 뻔했다」고 했다.

❦ 서퍽에 위치한 「헤넘 홀Hanham hall」의 사용인 33명을 찍은 단체 사진. 지위에 따라 제복을 입고 질서 정연하게 서 있다.

🍴 만찬회 끝 무렵, 레이디들이 신사들을 두고 만찬실을 나가는 장면. 『펀치』 1883년 게재.

    사용인들의 식사 의식은 신사숙녀가 여는 만찬회의 순서를 모방한 것이었다. 만찬실에서는 식사가 끝나면 여성들은 자리에서 일어나 줄을 서서 응접실로 이동했다. 게다가 집사까지도 포트 와인Port wine, 발효 도중에 브랜디를 첨가, 알코올 농도를 올리면서 단 맛을 유지시킨 와인을 꺼내어 방에서 나가면 남은 신사들은 남성들끼리 담배를 피우며 대화를 즐겼다. 그 후 응접실에서 남녀가 합류했다.

침묵 속의 「디너」

    「디너」는 하루 중에서 가장 중요한 식사라고 해도 좋으며, 속한 계급에 따라 시간대가 다르다. 중류 이상의 가정에서는 밤의 정찬을 디너라고 부르며, 노동자계급에서는 낮의 정찬을 가리키는 것이 일반적이다. 사용인들이 예의를 차리며 격식 있는 식사를 하는

🖐 여성이 떠난 후, 남성은 포트 와인과 엽궐련으로 남자들만의 대화를 즐긴다. 『일러스트레이티드 · 런던 뉴스The Illustrated London News』, 1886년 게재.

것은 낮이었다. 또한, 신사 숙녀의 만찬회에서는 가벼운 대화를 나누는 것이 매너였으나, 사용인 홀은 대부분의 경우, 침묵이 지배했다. 아이린은 이렇게 말했다.

> 「우리는 웃으면서 이야기 나누는 것을 기대했는데, 입을 다물고 있어야 했습니다. 엠마와 이 수도원 같은 정적을 견디기 위해서 비밀 사인을 사용하기도 했습니다. 한쪽 눈썹 끝을 올리면 『마멀레이드marmalade를 집어 줄래?』 씰룩쌜룩 움직이면 그녀의 가장 가까이에 있는 케이크를 집어 달라는 의미입니다. 저녁 시간에는 대화가 허락되었기에 손님이 데리고 온 메이드나 운전수와 잡담을 하며 즐겁게 지냈습니다.」

키친의 스태프는 자신들끼리 식사를 하는 경우가 많았고, 세탁

응접실에 모인 빈객들은 집사가 준비가 다 되었다고 안내하면, 가장 지위가 높은 여성을 동반한 남성이 선두로 만찬실로 줄지어 입장한다. 저택 「트래퍼드 파크Trafford Park」에서 드 트래퍼드 준남작과 테크Teck 공작부인, 1887년.

실이나 옥외에서 일하는 사용인 그룹도 역시 독자적으로 식생활을 해결했다. 너스나 가정교사는 그녀들이 돌보는 아이들과 방에서 식사를 했다. 한편, 키친이나 세탁실, 마구간의 스태프까지 사용인 홀로 모여 시끌벅적한 대가족이 되는 가정도 있었다. 누가 어떤 그룹에 속하는지는 그 가정의 구조나 인원 구성, 관습에 따라 달라졌다. 수석 하우스 메이드 등은 때에 따라서 상급 취급을 받기도 했고 그렇지 않기도 했다.

일부 대저택에서는 상급 사용인과 하급 사용인의 식사는 완전히 나뉘어 있었다. 상하 그룹의 골은 깊었으며, 평소에는 사적인 교류를 가지지 않았다. 아이린이 신참 트위니였을 때, 언니 힐다는 이미 상급 사용인이었기에 「둘만 있을 때 말고는 다른 사람들에게 하듯 '미시즈'를 붙여 불러야 했습니다」라고 술회했다.

승진과 마찰—레이디스 메이드의 경우

상급 사용인과 하급 사용인 사이의 경계선은 한 직장에서 승진할 때 넘기 어려운 「벽」으로도 기능했다. 같은 저택에서 하급에서 상급으로 올라가는 것은 관례상 어려운 것이었다. 그렇지만 일부에서는 랭크 업이 가능한 집도 있어서, 고용주의 의향으로 발탁이 이루어지는 곳도 있었다. 그럴 때는 주변 사람들과 잘 지내지 않으면 질투를 한 몸에 받아 고생하게 된다. 대저택 넵워스Knebworth에서 어느 하우스 메이드가 레이디스 메이드로 승진했을 때, 상급

❦ (왼쪽)레이디스 메이드와 요리사 중 누가 훌륭한지 비교하는 논쟁이 「가족의 기도」 시간에도 이어져 주인 부부도 곤란한 표정. 만화적 과장이겠지만, 심정적으로는 있을 법하다. 「펀치」 1872년 6월 1일 게재.
❦ (오른쪽)하우스 메이드가 접시를 깬 후에 숨긴 것을 몰래 쑥덕거리는 키친 스태프. 「카셀 패밀리 매거진」 1894년 게재.

사용인들이 그녀를 「비참한 꼴을 맛보게 했다」고 한다.

너스나 레이디스 메이드는 사용인이긴 해도 앞장에서 보았던 것처럼 고용주들과 직접 만나는 기회가 많아 그들과도 일체감을 가지기 쉬운 직종이다. 하지만 그만큼 「우리」를 내포하는 친밀한 감정은 계단 아래에서는 불화의 원인이 된다. 레이디스 메이드가 마님에게 가까이 가면 갈수록 스파이 짓을 하는 게 아닐까? 하는 의심을 불러일으켰기에 주변 사람들의 시선은 점차 차가워졌다. 이 일을 위해서 재봉이나 모자 만들기, 머리 묶기, 프랑스 어 등을 추가로 교육받아야 할 필요가 있다는 것도 「잘난체한다」며 헐뜯김을 당하는 원인이 되었다. 원래 고용주에게서 고급스러운 언행과 우아한 매너를 요구받는 부서인지라 어떤 의미에서는 당연한 귀결

❦ **(왼쪽)**주인님의 명령으로 보이가 국세 조사를 정리하게 됨. 「연령은 실제보다 많이 적었어요. 그리고 연인이 몇 명인지. 경관인지 군인인지도요. 팁의 연 수입과 경비의 유용액과 손해액과 그 밖의 여러 가지를 알려주세요.」『펀치』1871년 4월 8일 게재.

❦ **(오른쪽)**너스가 동석한 아이들 방에서의 식사. 기숙학교에서 하급생을 부리는 것을 배운 남자아이가 새우껍질을 까 달라고 내니에게 요구한다. 『펀치』1870년 9월 17일 게재.

이라 할 수 있겠다.

로지나 해리슨도 레이디스 메이드였으나, 다른 스태프와 좋은 관계를 유지했다. 그 비결 중 하나가 크리스마스 선물이었다고 한다. 마님에게 선물을 직접 선택하라는 명을 받은 그녀는 매년, 절묘한 선택으로 호평을 받은 것이었다. 어느 해에는 마님을 설득해서 그녀의 액세서리를 방출하도록 하는 일에 성공해서 다른 메이드 일동을 기쁘게 했다고 한다.

「급이 다른」 내니들

고참 「내니」들은 사용주 가족의 대리인임을 자임하여, 어느 가정에서나 규칙에 관한 대립을 부르기도 했다. 원래 키친은 여주인 조차 노크를 하고 입실 허가를 받아야 할 정도로, 문자 그대로 요리사의 「성역」이었다. 하지만 일중독자인 내니의 경우 그 독립성에 대한 배려 없이, 도련님과 아가씨의 식사를 주문하기 위해서 막무가내로 드나들곤 했던 것이다. 마가렛 파웰은 그러한 요리사의 기분을 「팔러 메이드나 하우스 메이드나 요리사 입장에서 보면 내니나 너스 메이드는 마치 자신들이 급이 높으신 사람들인 것처럼 생각하는 듯 보였고, 실제로 그렇게 행동했다」라고 대변한다.

> 「그 사람들은 계단 위의 사람들과 접촉하는 시간이 길고, 밤에 아이들이 잠들기 전에 응접실로 데리고 갈 때는 그녀들도 '그들'과 함께 참석했다. 그렇다고 해서 물론 '그들'의 일원은 아니

🍃 **(왼쪽)** 난로 앞에서 아이를 욕조에 넣는다. 「펫워스 하우스」의 수석 너스, 레이첼 섬터 Rachel Sumpter. 1890년경.
🍃 **(오른쪽)** 아이들에게 그림책을 읽어주는 내니. 모자 모양으로 그녀가 거버너스가 아닌 것을 알 수 있다.

다. 계단 아래로 내려오면 '우리'의 동료도 아니다. 그녀들은 '그들'와 친하니, '그들'에 대해 이야기한 것은 뭐든지 그들의 귀에 들어갔을 거라고 우리는 생각했다. 아마, 실제로는 그렇지 않았으리라. 하지만 그럴지도 모른다.」

아이들 방 쪽의 변명을 들어보면—20세기 초에 대저택의 너서리 메이드Nursery Maid, 아이들 방에서 상주하는 메이드. 너스 메이드와 같은 뜻가 된 사라 세지윅Sarah Sedgwick의 체험에서는 「계단 아래에의 사용인」과는 만나면 이야기 정도는 하지만, 친해질 기회는 없었고 사용인 홀에 발을 들여놓는 일도 없었다고 한다. 그리고 어느 날, 그 방에서 수석 하우스 메이드를 발견했다.

「그녀는 검은 새틴Satin으로 된 옷을 입고 다른 하우스 메이드를 감독하는 일 외에는 아무것도 하지 않았습니다. 그저 돌아다니는 일에 시간을 소비하더니 문을 닫아버렸습니다. 제가 매일 해야 하는 일에 비하면 편해 보이는 일이었습니다.」

입장이 달라지면 상대방을 보는 눈도 달라진다. 너스나 너스 메이드들은 아이들을 돌보는 모든 일을 아이들의 방 안에서 해결해야 했다. 식사 도우미, 옷 갈아입히기, 산책, 목욕, 그림책 읽어주며 재우기, 그리고 틈틈이 아이들의 옷을 빨거나 수선했다. 또한 아이들의 방 청소나 난로의 불 관리, 전용 식기 손질 등도 하우스 메이드에게 맡기지 않았다. 아이들의 훈육이라는 관점에서, 다른 부서 이상으로 시간 엄수를 요구당하기도 해서 확실히 바쁜 일이 기는 했다.

의지할 곳 없는 가정교사

계단 위에도 계단 아래에도 속하지 않는다—는 고민은 가정교사나 숙녀 신분의 가정부에게도 똑같이 닥쳤다. 그중에서도 가정교사의 애매한 입장은 빅토리아시대의 사회문제로 다루어졌다. 그녀들은 계단 아래에서도 배제되었는데, 계단 위의 부모들에게도 업신여김을 당했다. 딸의 교육내용에 대한 부모의 관심은 극히 낮은 것이어서, 「숙녀로서의 소양」을 일정 수준 익히고 나면, 그 후에는 적당히 바느질이나 하면 된다고 인식하고 있었다. 부모들에게 이런 대접을 받았으니 자연스럽게 아이들에게도 존경받지 못했고, 더욱 내몰리는 경향이 있었다.

19세기 초에 가정교사가 된 엘렌 위튼Ellen Witten은 그 시절의 상황을 이렇게 썼다. 자신은 불만을 토로할 이유가 없다고 거절하면서도 「거버니스는 사회에서 거의 배척당했습니다. 집주인은 사용인과의 교류를 탐탁히 생각하지 않았고, 그렇다고 해서 집주인이나 방문객처럼 대등한 인간으로 대접받지도 못했습니다. 그녀들이 편안한 심리상태로 지내려면 상당한 인내력과 정신력을 가지고 있어야 했습니다.」 엘렌은 상인의 딸이었으나, 어릴 적에 부모

╉ 컨트리 하우스의 공부방에서 아이들을 가르치는 거버니스.

님이 돌아가셔서 스스로의 힘으로 살아가야 했기에 이 일을 시작
한 것이었다. 중류계급 혹은 상층 노동자계급의 집에서 태어난 그
녀의 동업자들은 이상적으로는 임금을 받는 노동을 하지 않고 사
는 「레이디」 신분으로 살고 싶었으나, 현실에서는 타인의 집에서
얹혀살면서 일하고 보수를 받는 「초라한」 행위에 손을 댈 수밖에
없었다. 이렇듯 마음에 근심이 있으면 고용주와의 일체감이나 일
의 보람을 느끼기는 어려웠을 것이다.

대립의 불씨

 고용주나 상사나 타부서에 대한 불만이 이어질 때, 만약 그런 것
들을 이야기할 수 있는 동료가 곁에 있다면, 동일한 비판의 대상을

공유함으로써 사용인들은 마음을 하나로 모을 수 있을 것이다. 같이 일하고, 생활하는 집단 속에서 다른 문화를 가진 그룹은 그것만으로도 공격의 대상이 되는 경우도 있었다.

킹스턴 레이시 저택의 아가씨 바이올라 뱅크스는 소녀 시절을 되돌아보면서 가족들과 사용인과의 관계는 양호했다고 생각하고 있다. 노동조건은 결코 좋지 않았을 텐데도 불구하고 이곳에서 일하는 것을 은혜라고 생각하며, 결혼 이외의 이유로 그만두는 메이드가 적어서 근속 연수가 길었다. 단, 개중에는 예외도 있었다.

🦋 (위)「펫워스 하우스」의 런드리. 스토브에 많은 다리미가 데워지고 있다. 식으면 곧바로 교환해서 사용한다. 아마 1870년대로 보인다.
🦋 (아래)스코틀랜드의 「키너드 캐슬Kinnard Castle」의 런드리. 런드리 스토브가 중앙에 있다. 삶기와 탈수는 다른 방에서 하는 모양이다. 1898년.

세탁실에는 아일랜드 출신 자매 런드리 메이드 두 명이 일했다. 언니는 불쌍할 정도로 말랐지만 상냥한 줄리아, 그리고 여동생은 꽤 통통하고 마음씨 좋은 엘렌. 두 사람이 커다란 보일러에서 시트를 삶거나, 더위 때문에 볼을 빨갛게 물들이면서 다림질을 하는 모습을 바이올라는 뒤 계단의 창문을 통해 곧잘 보곤

✍ 이웃에서 일하는 메이드와 일하는 중간에 서서 대화를 나눔. 「메이드 오브 올 워크」를 소재로 한 상당히 드문 그림. 존 피니│John Finney, 1864~65년.

✍ 나무 뒤에서 뒷담화를 하고 있는데, 뒷담화의 대상인 마님의 동생이 듣고 있다. 「월계수 나무」는 탈취 효과가 있어서 세탁 건조실 옆에 많이 심었다. 「펀치」 1871년 3월 4일 게재.

했다. 자매는 8킬로미터나 떨어진 가톨릭교회에 매주 다닐 정도로 경건한 신자였다. 일하는 곳에는 고향의 신부님이 가끔 방문해서 창문 너머로 대화를 나누는 것을 보기도 했다. 하지만 두 사람의 기뻐하는 얼굴, 그「기묘한 행복」이 다른 신앙을 모시는 사용인들 눈에는 눈엣가시였던 모양이었다. 신부님과 자매의 삼각관계를 억측하는 악의에 가득찬 거짓 노래가 만들어져서 이곳에 거주하기 껄끄러워진 두 사람은 결국 그만두게 되었다. 이 일은 그 후로도 계속 바이올라의 마음 속에 슬픈 일로 남아 있었다.

「그날 아침 일찍, 떠나는 그녀들은 내 방에 인사를 하러 왔지만, 나는 박정한 아이였는지, 아니면 헤어질 때 슬픈 기분이 드는 게 무서웠던 건지 나를 부르러 온 너서리 메이드에게 부탁해서 자는 척을 했습니다.」

어느 하우스 메이드 겸 요리사는 사용인끼리의 관계가 어려워서「4명 정도 고용된 직장이 일하기 좋다고 생각합니다. 대저택보다 그 정도쯤이 분위기가 좋다는 걸 알게 됐습니다」라고 말했다. 세 명은 부족하다. 두 사람이 결탁하고 한 사람을 따돌릴 가능성이 있기 때문이다.

그렇지만 싸움도 동맹도, 상대가 없다면 할 수 없다. 혼자서 일하는 메이드 오브 올 워크의 직장은 고독과의 싸움이었다. 시끌벅적한 대가족에서 나온 순간, 식사도 혼자 하고 침대도 혼자 쓰는 생활을 하게 되면 외로움은 배로 증가한다. 고용주의 명령에 대답할 때와 상인이 찾아왔을 때 정도밖에 말할 기회가 없다. 작은 집의 마님은 메이드의 동성 친구나 가족의 방문을 허락하는 경우가 많았다. 이러한 집이라면 이웃에 사는 메이드와 친해지거나, 혹은 예전에 근무했던 직장의 동료에게 오라고 연락해서 키친에서 차라도 함께 마실 수 있었다.

옆집 메이드와 담장 너머로 가십거리가 오간다. 1905년에 여성이 보낸 것 같은 유머 엽서.

다락방의 청춘

태어난 곳이나 자란 환경은 달라도 연령이 비슷하고 같은 일을 하는 동료라면, 어떤 형태로든 우정이 싹틀 가능성이 크다. 1909년, 웨일스의 저택 어딕에 너스 메이드로 취직한 벳시 기틴즈Bet-sy Gittins는 처음으로 개인실을 받았으나, 익숙하지 않은 대저택의 휑한 다락방이 무서워서 제2 하우스 메이드인 이디스 헤이콕Edith Haycock의 2인 1실과 바꾸었다. 그 일이 있고, 1년 만에 두 사람은 절친한 사이가 되었다. 결국, 벳시는 용기를 내어 주인 요크 씨에게 부서 변경을 직접 신청한 후 제3 하우스 메이드가 되었다고 한다. 나중에 벳시가 가벼운 홍열로 쓰러졌을 때, 요크 부인은 의사를 불러 본인이 직접 간호하기로 결심하였고, 물론 이디스도 그것을 도왔다고 한다.

매기 윌리엄스Maggie Williams는 베치나 이디스보다 약간 아랫 연배의 세대로, 1920년대에 어딕에서 일했다. 그녀 또한 다락방의 추억을 다음과 같이 회상했다.

「하급 팔러 메이드와 하우스 메이드는 큰 방을 공유했지만 상급 팔러 메이드와 하우스 메이드는 각자의 방을 가지고 있었습니다. 하지만 밤에 잠들기 전에 우리는 한 방에 모여 실컷 수다를 떨었습니다. 때로는 동틀 무렵까지 밤을 새는 일도 있었습니다. 더운 여름에는 다락방 밖으로 나가 앉아서 정원의 아름다운 경치를 바라보았습니다. 토끼들이 장난치는 모습이 보여서 재미있었죠. 그 다락방에서는 즐거운 일이 아주 많았습니다. 물론 주인집 가족들이 깨지 않도록 조용히 해야 했지만.」

어딕에서는 주인과 사용인의 거리가 유달리 가까웠다고 한다. 아마 여기에는 해당 저택 특유의 분위기도 있을 것이다. 하지만 어린 소녀들이 다락방에 모이면, 어떤 환경이라 할지라도 심야의 비밀이야기가 오갔을 거라는 건 쉽게 상상할 수 있다.

메이드들의 음식

📎「이것이 진짜 젠트리」

귀족이나 지주를 지칭하는 상류계급, 그리고 자신들도 그들과 같은 급이라고 생각하고 싶은 사람들은 자신들이「벼락부자 상인」보다 사용인을 관대하게 대우한다는 것을 자랑스럽게 여겼다. 1930년대에 트위니로 일했던 도리스 헤이젤은 식사가「맛있었고 양도 많았다」는 것을 기억하고 있었다.

「주인 가족의 요리는 항상 너무 많아서 우리는 곧잘 런치 때 남은 음식을 저녁 때 먹었습니다. 콜드 치킨, 뇌조나 꿩, 게다가 차가운 통구이. 우리의 점심 정찬(디너)은 남은 음식이 아닌, 언제나 우리를 위해 만든 따뜻한 메뉴였습니다.」 아침 식사도 다채롭고 따뜻한 요리였는데, 일요일 아침만은 햄으로 정해져 있었습니다. 이것도 물론 실력이 좋은 요리사가 손수 만든 것입니다. (중략) 가정부는 '이것이야말로 진정한 젠트리입니다'라고 했습니다. '우리 키친에서는 벼락부자 상인들처

🍴 계단 아래의 식사. 풋맨이 바로 아래의 보이에게 쇠로 된 포크로는 먹을 수 없다고 심술을 부린다.『펀치』, 1848년 9월 2일 게재.

주인님 「잠시 기다리게. 스티븐스. 그 연어는 아직 아무도 손을 대지 않았어.」
집사 「그렇다면 주인님, 저희는 저녁에 무엇을 먹으면 좋을까요?」
계단 위의 「남은 음식」은 사용인에게 돌아가는데, 살짝 일찍 온 것이 아닐까? 『펀치』 1862년 3월 8일 게재.

럼 쪼잔한 짓은 하지 않습니다. 그 사람들은 사용인이 오래된 빵과 마가린과 남은 음식으로 하루 종일 일할 수 있을 거라고 생각하니까요.'」

도리스의 고용주보다 훨씬 시원스러운 성격의 「진짜 귀족」도 있었다. 베스Bath 후작의 본거지인 롱릿Longleat의 대저택에서는 제1차 세계대전이 한창일 때도 마치 전쟁은 다른 세계의 일이라는 듯, 평소와 다름없는 식생활이 이어졌다고 한다. 어느 남성 사용인의 회상에 따르면 매주 종류가 다른 세 마리의 양을 잡았고, 사용인은 꿩, 메추라기, 거위, 사슴, 두 종류의 토끼까지 맛보았는데, 단 한 가지, 쇠고기는 그다지 많이 먹지 못했다고 한다.

🌿 맛도 없고 양도 적고…

당연한 얘기겠지만 가난한 중류 가정에서는 이렇게 먹을 수 없었다. 계단 위의 요리와는 소재부터 달랐다. 사용인의 식사에는 헐값에 산 청어나 대구, 고기도 맛없는 부위를 자른 것을 사용했으며, 남은 재료를 푹 끓인 스튜도 일반적이었다. 마가렛 파웰의 경험으로는 20세기 초, 스태프들은 마카로니 치즈나 웰시 레어빗Welsh Rarebit, 치즈 토스트의 일종에 불만이 많았다고 한다. 언뜻 생각하기에는 맛있어 보이는 메뉴이지만, 우리가 아는 현대의 마카로니 그라탱이나 피자를 상상해서는 곤란하다. 영국 파스타의 식감은 현대에 이르러서도 여전히 악명 높고, 치즈 자체에는 죄가 없겠지만, 일 년 내내 똑같은 것만 먹는다면 역시 질릴 수밖에는 없을 것이다.

1892년 어느 잡지 기사에서 존 로빈슨이라는 16년차 경력의 집사가 말한 식생활의 실태는 마카로니 치즈 이상으로 식욕을 떨어뜨리는 것이었다. 만약 작금의 남성 사용인의 질이 떨어져 있다면 그것은 식사가 너무나도 부실해서 그런 것은 아니었을까. 요리사는 계단 위의 요리에만 전념한 탓에 스태프의 식사는 「키친 메이드의 손에 달려 있었습니다.」라고 했으며 그 결과물에 대해서는 아래와 같이 술회했다.

「엉성하게 조리된 거대한 통구이가 차갑게 식은 채 반복해서 식탁에 올라왔

🖋「주인님과 마님이 생각보다 일찍 여행에서 돌아왔다.」 계단 위의 방에서 보이프렌드를 초대해 샴페인으로 건배를 하려는데……. 엽서. 소인은 1906년.

고, 끝내 누군가가 토할 기미가 보여서 잘게 썰어 음식 찌꺼기 통에 버리기 전까지 그 흐름은 계속되는 겁니다. 그리고 그다음 거대한 고기가 등장하고 똑같은 운명을 거치게 됩니다.」

양만큼은 많이 있었기에 억지로 입속으로 밀어 넣든가 아니면 범죄에 손을 댈 수밖에 없다고 미스터 로빈슨은 말했다. 하지만 맛도 없거니와 양도 적어서 비참하다는 말밖에 할 수 없는 집도 있었다. 릴리안 웨스터는 낮에는 연일 판으로 누른 것 같은 청어가 나왔고, 티타임에는 빵과 마가린, 아침 식사에는 빵과 조리할 때 나오는 고기의 지방을 모은 것Dripping을 발라 먹었던 집이 있었다는 것도 기억하고 있었다. 게다가 정말 참혹한 것은 드리핑을 보관했던 통 안에 항상 쥐똥이 들어가 있었기에 그것을 퍼내지 않으면 식사를 할 수가 없었다는 것이었다. 일주일 만에 그만두겠다고 한 것은 극히 당연한 판단이다.

레이디스 메이드인 로지나 해리슨은 릴리안 일행이 상상도 할 수 없는 최상류의 생활을 매일 맛보았다. 그녀는 1년 동안 여주인과 함께 세계를 여행했다. 뉴욕, 버지니아, 플로리다, 버뮤다, 스위스, 파리, 동유럽, 북유럽, 남아프리카. 대저택, 왕궁, 호화 선박, 전용 비행기 그리고 최고급 호텔들. 어디에 머물러도 일류 식사와 서비스가 따라왔다.

제2차 세계대전이 끝난 후, 애스터 자작부인을 위해 준비된 방은 마치 플라워 샵을 방불케 했다. 미국에 사는 친구가 보낸 꽃과 과일로 넘쳐났던 것이다. 그 안에는 로지나가 몇 년 동안 보지 못했던 바나나도 있었다. 자기도 모르게 하나를 따먹고 있는 모습을 마님에게 들켰지만, 「다 먹어도 괜찮아」라고 허락해주었다고 한다. 물론 정말로 한 송이를 다 먹었는지 어땠는지는 알 길이 없다. 어찌 되었건 바나나는 1946년 당시, 영국인 메이드에게는 정말 귀한 남국의 과일이었던 모양이다.

제6장
메이드의 제복

「역겨운」 오전용 제복

1925년 봄. 스컬러리 메이드가 된 후 처음 맞는 아침, 진 레니는 「가족의 기도」에 모인 세 명의 동료 하우스 메이드와 우연히 만났다. 그녀들이 입고 있던 오전용 제복에 대한 진의 감상은 신랄하기 짝이 없었다.

> 「무엇보다 최악이었던 것은. 세 명 모두. 눈이 아플 정도의 핑크색 드레스에 아침용 앞치마를 두르고 모자를 쓰고 있었다는 점이다. 그렇게 꼴 보기 싫은 핑크색은 이전에도 이후에도 한 번도 본 적이 없다.」
> 「세 마리의 삶은 바닷가재'—솔직히 그렇게까지 추악한 핑크를 보고나니 더는 머릿속에 다른 것은 떠오르지 않았다. 뭐, 진짜 바닷가재는 색이 곱지만.」

똑같은 색의 「삶은 바닷가재 세 마리」가 모이게 된 이유는, 그해 연말에 판명되었다. 진은 크리스마스 때 고용주 일가에게 선물 꾸러미를 받았다. 외출복으로 입을 수 있는 옷을 기대하면서 풀어보니, 그 안에 「역겹고 득의양양하게」 자리 잡고 있는 것은 아니나 다를까,

> 「어쨌든 역겨운 핑크색 코튼(면)이었다—그렇다. 오전 업무용

COOLING THE FLAME.

A happy New Year to you

MARY JANE MARRIED
BY GEORGE R. SIMS
6ᴰ

§ (왼쪽)소방수와 장난치는 「핑크색 오전용 제복」의 메이드가 그려진 엽서. 소인은 1907년이다.
§ (오른쪽)무늬가 들어간 핑크색에 양의 다리 모양을 본뜬 소매. 오전용 제복 치고는 모자와 앞치마가 화려한 편이다. 1903년 소인의 연하장.
§ (오른쪽 아래)핑크색 제복을 입은 요리인과 다투는 마님. 조지 R 심즈George R Sims의 소설 「결혼한 메리 제인」의 표지.

드레스를 만들기에 충분한 길이의 옷감이다. (중략) 나는 결국, 그
것을 만들지도 않았고, 입을 일도 없었다. 결국 옷감이 어딘가
로 사라져 버려서 행방은 알 수 없게 되었다.」

  그것이 정말 「역겨운 바닷가재 색」이었는지 아닌지는 일단 제쳐
두고, 메이드들은 대체로 오전 중에는 코튼 소재로 된 드레스를 입
고 일했다. 무늬가 들어간 「프린트 옷감」인 경우가 많았는데, 줄
무늬나 작은 꽃무늬 등이 일반적이었다. 스태프의 인원수가 많고,
일이 세분화된 대규모 컨트리 하우스의 경우, 오전용 제복이 부서
별로 다른 색을 하고 있기도 했다. 예를 들어 스탠퍼드셔의 슈그
버러Shugborough라는 저택의 경우, 「하우스 메이드는 붉은 계열의
무늬가 들어간 프린트 옷감의 옷으로 쉽게 식별되었다. 스틸룸 메
이드는 녹색 프린트, 키친 메이드는 라일락 색, 그리고 런드리 메이
드는 파란색 줄무늬였다」라는 기록이 전해진다. 이 저택은 현재 일
반 관광객들에게 공개되어 1880년대의 하우스 메이드의 제복이 전
시되어 있다. 역겨울 것도 없는, 오히려 귀여운 연분홍색이었다.
  프린트 옷감으로 만든 드레스 위에는 가슴까지 올라오는 하얀색
앞치마를 걸치고 모자를 썼다. 부츠 닦기나 마룻바닥 닦기, 난로
청소 등의 더러운 일을 하기 위해서는 그 위에 질기고 꺼칠꺼칠한
삼베 앞치마를 덧입었다고 한다.

흑과 백의 오후용 드레스

오후가 되면 팔러 메이드나 하우스 메이드, 가정에 따라서는 트위니 등도 일반적인 검은 드레스로 갈아입을 것을 요구받았다. 이 관습은 19세기 말에 정착된 것으로 전국적으로 검은색이 주류였으나, 개인 저택별로 정하는 옷이라서 진한 회색이나 파란색을 채용한 집도 있었던 것 같다. 소재는 양의 털이나 알파카 등의 울, 여름에는 코튼이었으며, 드레스 위에는 오전 중에 사용했던 것보다 작고 장식이 많은 얇은 앞치마를 걸치고 냅킨을 달았는데, 프릴에 레이스, 자수나 리본으로 장식되는 등, 그 시대의 유행을 적절하게 추구했기 때문에 화려했다. 거기에 빳빳하게 풀을 먹인 커프스 cuffs(셔츠나 블라우스 소매 끝에 다는 장식)와 깃을 달면 완성이다. 오후에는 이 정장 차림으로 손님이나 가족의 시중을 들고, 바느질 등의 가벼운 작업을 했다.

팔러 메이드의 오후용 모자는 19세기 중반까지는 머리 전체를 덮는 실내모인 모브캡mob cap이었으나, 시대가 흐름에 따라 점점 사이즈가 작아졌다. 19세기에서 20세기로 바뀌는 전환기에는 작은 레이스 뭉치가 형식상 정수리 부분에 핀으로 고정되는 상태에 이르렀다. 작업복 모자는 원래라면 머리카락이 떨어지지 않도록 묶어서 넣기 위해서 쓰는 것이라고 생각하지만, 이쯤 되면 이미 장식 이외의 기능은 사라지고 말았다고 봐야 할 것이다.

빅토리아시대풍의 메이드 제복이라고 하면, 일반적으로 상상

❦ 연한 남색의 오전용 제복. 랜스 새커리Remis Thackeray가 그린 엽서.
소인은 1904년.

❦ 검은색 오전용 제복. 석탄
회사의 광고용 엽서. 1900
년경.

J. Blackman
EXCHANGE STREET
MARKET PLACE
PETERBOROUGH

🌼 UNIFORM

❦ 피터버러Peterborough에서 촬영한 명함판
사진. 어두운색의 오전용 제복. 1890년.

Joshua Gibson's

the KING of all
CREAMS
Simply Perfection

Famous
FURNITURE CREAM
Works - MANCHESTER

❦ 진한 하늘색 제복. 굴뚝 청소부와 밀회를 나눈 흔적이 앞치마
에…… 엽서. 소인은 1911년.

❦ 연한 파란색 제복은 비누나 세제 광고에 많이
쓰인 듯하다. 가사용 크림 광고. 1920년경.

하는 것은 이 팔러 메이드나 하우스 메이드의 오후용 제복일 것이다. 검은 드레스에 하얀색 모자와 앞치마. 하지만 19세기는 이미 먼 과거이므로 현대를 살아가는 우리는 박물관이나 미술관이나 옛날 사진 속에서만 실물, 혹은 그것과 가까운 것을 볼 수 있다. 영화 속에서 화면의 한 귀퉁이에서 가끔 눈길을 끄는「팔랑팔랑」한 모습은 중노동의 실태나 메이드 자신들의 내면과는 거리가 먼, 표면적인 젊음과 귀여움, 화려함과 얌전한 이미지만을 골라낸 것처럼 보인다. 그렇다면 제복을 입고 일한 그녀들 자신은 그 모습을 어떻게 생각하고 있었을까?

「동경의 대상」인 메이드 제복

1908년생으로 월트셔 출신인 밀리 밀게이트는 2펜스를 주고 들어간 영화관에서 어느 장면에 푹 빠지고 말았다.

> 「영화 속에서 내 공상을 부풀린 것은 딱 하나… 프랑스인 메이드가 홀로 아름다운 대리석 계단을 우아하게 내려오는 장면이었습니다. 주름 장식이 달린 앞치마를 걸치고 모자 뒤쪽의 긴 리본(스트리머streamer, 장식용의 색 테이프)을 등까지 늘어뜨리고 있었습니다. 그때 생각했었죠. '저것이 바로 내가 원하던 모습이야. 저렇게 되고 말겠어!'라고요.」

❦ (위)장딴지가 보이는 메이드의 크리놀린을
보고 「지금 당장 벗어. 너 지금 어떤 꼴을 하
고 있는지 알기나 하니?」 하지만 그렇게 말
하는 마님은 속옷이 훤히 보인다. 『펀치』,
1862년 캘린더.

❦ (오른쪽)크리놀린의 대유행이 메이드 제복에
도 영향을 끼쳐, 유리 케이스의 장식품이건
식기건 뭐건 전부 와장창. 『펀치』 1864년 3
월 26일 게재.

❦ (아래)「어머, 네 크리놀린은 어디로 간 거야?」
「아아, 그건 벌써 유행이 지나서요.」 하지만
이건 이것대로 너무 유행을 따라간 탓에 해
고 예고가… 『펀치』, 1866년 7월 4일 게재.

그래서 그녀는 레이디스 메이드가 되고 싶다고 어머니께 상담했으나 취직하는 방법을 몰라서 스컬러리 메이드부터 시작하게 되었다. 하지만 스컬러리에 틀어박혀서 하는 일이라, 드레스도, 나풀거리는 것도 입을 수 없었다. 식초와 소금 때문에 손은 거칠어졌고, 「창밖의 새를 보며 울며 지내는 날들」이었다고 한다. 결국 「그 제복」을 입은 동료 하우스 메이드의 존재를 알게 되면서 전직하려고 마음을 먹었고, 다행히도 무사히 성공했다. 이후로는 켄싱턴Kensington 궁전을 비롯한 런던의 상류 가정에서 일을 했다고 한다. 메이드 출신자가 말하는 추억담은 다양하지만, 제복에 관한 생각은 대체로 좀 복잡하다. 밀리처럼 직설적으로 동경했었다거나, 좋아했다고 말하는 사람은 드물다.

20세기 초의 현역 메이드들에게 제복은 대부분 평판이 좋지 않았다. 다만, 시간을 조금만 더 거슬러 올라간 1880년대, 옥스퍼드의 시골에서는 오전용 프린트 옷감으로 만든 드레스가 여러모로 귀한 대접을 받은 모양이었다. 플로라 톰슨은 당시 마을의 패션 생활에 대해 회상했다.

「구제 옷 중에 가장 좋아했던 것은 젊은 메이드가 오전 중에 입는 연하게 프린트된 원피스로, 라일락, 핑크, 크림색 등도 인기였고, 흰색 바탕에 잔가지 프린트도 썩 괜찮았다. 이런 옷은 소녀들의 메이데이May Day, 근로자의 날 원피스나 교회에 갈 때의 여름 나들이옷으로 리폼 되었다.」

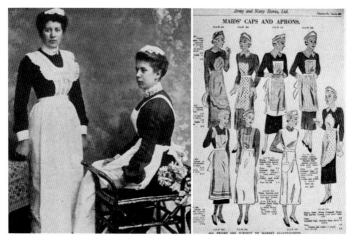

＊ **(왼쪽)**장신구처럼 작아져서 레이스의 끝부분처럼 되어버린 팔러 메이드의 모자. 소매
와 앞치마도 풍성해졌다.
＊ **(오른쪽)**헤어밴드형의 모자와 작은 앞치마. 확 짧아진 스커트. 「육군해군스토어」 통신판
매 카탈로그, 1920년대.

제복 값은 자비로

하지만 애초에 그 메이드 제복이 처음부터 물려받은 것일 가능
성도 있었다. 베이싱스토크Basingstoke의 홀리웰Holliwell 부인은 1915
년에 스컬러리 메이드로 일하기 시작했을 때 가지고 있던 「낡은
양철 상자」 안에 들어 있던 것을 기억하고 있었는데, 그 대부분이
「구제」였다.

　「프린트 옷감의 드레스와 모자와 앞치마는 두 언니가 물려준

※ (왼쪽)긴 리본이 달린 모자에 유행하는 머리 모양. 20세기 초반까지 앞머리를 뒤로 잡아당겨 묶지 않고 잘라서 앞으로 내리거나 웨이브를 주는 것이 최신 유행이었는데. 메이드에게는 이를 금하는 집이 많았다. 『펀치』 1895년 7월 15일 게재.

※ (오른쪽)런던의 최고급 주택가 그로브너 플레이스Grosvenor place의 멋진 메이드 이미지. 주름 장식이 잔뜩. 『카셀 패밀리 매거진』 1895년 게재.

것을 내 사이즈에 맞추어 리폼한 것이었습니다. 속옷도 전부 구제였죠. 새것은 딱 두 개였는데, 먼저 검은 옷. 이걸 살 때 어머니는 15실링이나 지불했습니다. 교회에 갈 때 쓰는 벨벳 리본이 달린 검은 보닛Bonnet, 챙이 없는 검은 모자은 5실링 6펜스였습니다.」

메이드들은 일을 시작할 때 제복을 자비로 준비해야 하는 일이 많았다. 스타킹이나 구두를 포함하면 지출은 더욱 늘어난다. 「2류 직장」에서 모은 준비금이 있으면 다행이지만, 그래도 가난한 노동자 가정에서는 꽤 큰 부담이었을 것이 틀림없다. 어머니들은 주변

🌿 (왼쪽)19세기 중기부터 후기까지 「어딕」의 가정부였던 메리 웹스터Mary Webster. 직업을 나타내는 열쇠꾸러미를 손에 쥐고 있다.

🌿 (오른쪽)19세기 초반의 가정부. 예전 모양의 실내 모자와 액세서리를 몸에 지니고 있다. 케니 미도우즈Kenny Meadows 「사람들의 지도자」, 1840년.

사람들에게 알음알음 돈을 꾸었으며, 경우에 따라서는 분할 지불해가면서 딸을 위해 필요한 의류를 준비했다. 마이너스 상태로 시작하면, 얼마 되지 않는 급료에서 많은 금액을 의복비로 갚아야 했다. 홀리웰 부인이 첫 달에 받은 급료는 13실링 4펜스였는데, 제복 비용을 갚기 위해서 그중 10실링을 어머니에게 보냈다고 한다.

부담이 크다는 것을 알고 있어서 제복 전부를 지급하는 집도 있었다. 크리스마스에 옷감 이외에 앞치마나 스타킹 등의 선물을 주는 관습은 널리 퍼져 있었다. 하지만 앞에서 말했던 진 레니의 예

처럼 너무 「실용적」인 선물은 말할 것도 없이 역시나 인기가 없었
던 모양이다.

멋을 추구하는 마님이 정한 디자인의 커플 옷이나, 그다지 평범
하지 않은 색의 옷을 입히고 싶다고 생각한 경우에는 전부 지급하
는 경우도 있었다. 아이린 톰슨은 어느 직장에 검은 새틴의 오후용
드레스를 지참해갔는데, 그곳 여주인은 검은색을 싫어해서 「갈색
과 커피색 앞치마와 커프스」를 그녀가 직접 만들어주었다고 한다.

그밖에도 마을 재봉소에 「오전에는 초록색, 오후에는 적갈색의
제복」을 만들어 달라고 한다든지, 모자 대신 「크고 밝은색 리본」을
달아달라고 한 집도 있었다. 이상의 세 건은 모두 1920년대 이후
의 이야기이다.

❦ (왼쪽)친구에게 메이드를 빌려 집까지 에스코트를 받는 마님(앞). 스커트의 단(段)도 적
고 수수한 옷을 입은 메이드(뒤). 『펀치』 1866년 4월 14일 게재.
❦ (오른쪽)마님의 드레스 소매가 신경 쓰이는 레이디스 메이드. 「언젠가 제가 입게 될 드레
스니까, 제 의견도 조금은 들어주셔야죠」라고 주장한다. 『펀치』 1876년 11월 4일 게재.

시대가 새롭게 바뀌자 제복의 베리에이션도 넓어졌다. 그렇다고는 해도 멋들어진 제복이 메이드들의 마음을 붙잡아두었다는 증거는 별로 보이지 않는다. 아이린 톰슨은 「커피색의 앞치마와 커프스」의 직장에서는 그다지 오래 머물지 않았다. 메이드 제복에 강한 동경을 품고 있었던 밀리 밀게이트와 같은 예는 역시 소수파였을지도 모른다.

말쑥한 차림의 실내모를 쓴 레이디스 메이드가 마님의 의상을 상자에 넣는다. 『걸즈 온 페이퍼』 1884년 4월 5일 게재.

지위를 나타내는 의복과 모자

다소의 베리에이션이 있었다고는 해도 하급 메이드들의 제복은 나름대로 통일감이 있었지만, 상급 사용인들의 치장은 뭔가 좀 달랐다. 여성 사용인 가운데 가장 높은 서열인 가정부는 검은색이나 차분한 색의 실크 드레스 혹은 흰색 블라우스에 흰색 레이스가 달린 모자를 썼다. 색의 조화만 보자면 메이드의 오후 복장과 비슷하지만, 이쪽은 제복도 아니고 소재도 장식도 완전히 달랐다. 굳

이 말하자면 예전 레이디 복장에 가까운, 미망인의 상복과 상당히
비슷하다. 브로치 등의 액세서리도 허용되었다.

가정부의 의상을 특정짓는 또 하나가 허리에 찬 벨트에 달린 열
쇠꾸러미다. 이것은 리넨종류나 고가의 도자기, 차나 설탕, 스태
프에게 지급하는 일용품 등을 넣어두는 창고의 열쇠이며, 집안에
서 그녀의 위치를 나타내는 중요한 상징이었다. 예전에 스컬러리
메이드였던 브런치 홀Brunch Hall은 「그녀가 복도를 걷고 있으면, 스
커트 자락이 스치는 소리와 열쇠 꾸러미가 짤랑대는 소리가 들려
와서 온몸이 떨렸습니다」라고 회상했다.

하급 메이드를 지도할 것, 스틸 룸에서 잼과 피클 만들 것, 허브
를 이용한 가정 상비약을 만들어둘 것, 차 준비를 할 것, 대저택의
가정부가 하는 일의 대부분은 본래 여주인이 해야 하는 것을 이

🏵 (위)1908년, 햄프셔의 「셰필드 하우스」에서 너스로 일했던 도슨. 밝은색 드레스와 보닛을 착용하고 있다. 아기의 세례식 후에 촬영한 사진.

🏵 (아래)「보비 도련님, 얌전하게 아기를 보고 있어야 합니다. 저는 저기 키가 크고 무서운 병사아저씨에게 도련님을 데려가지 말라고 부탁해야겠어요.」 너스의 전형적인 외출복인 진한 색 외투와 (혹은 숄) 보닛차림인 모습. 「펀치」, 1862년 6월 28일 게재.

어받은 것이었다. 가정부의 허리에 매달린 열쇠꾸러미를 「샤트렌 Chatelain」이라고 하는데, 이것은 원래 프랑스어로 「여자 성주」라는 의미를 갖고 있다. 가정부의 몸치장은 다양한 점에서 그녀가 여주인 다음가는 서열이라는 것을 나타낸다.

레이디스 메이드도 가정부와 마찬가지로 특정 제복이 있는 게 아니라서 때때로 사복을 고를 필요가 있었다. 1920년대, 로지나 해리슨의 복장은 다음과 같았다.

「(아가씨의 몸종에서 마님의 몸종으로 승진) 정식 레이디스 메이드가 되었으니 프린트 옷감의 옷은 이제 입지 않습니다. 정갈하고 수수하면서 너무 튀진 않지만, 유행에는 뒤처지지 않는 복장을 요구하셨습니다. 오전 중에는 저지Jersey 천으로 만든 옷과 스커트에 가디건을 입었습니다.

오후의 티타임 후에 혹시 이른 시간에 외출하게 되는 경우에도 파란색이나 갈색 드레스로 갈아입었습니다. 진주나 비즈로 된 목걸이와 손목시계까지는 허락되지만, 그 이외의 액세서리는 역정을 사게 됩니다. 화장도 좋아하지 않으십니다. 실제로 루즈를 발랐다가 혼이 난 적이 있습니다. 같이 외출한 레이디와 메이드가 사람들에게 반대로 인식되는 사태는 절대 일어나서는 안 되는 일이었습니다.」

마님의 드레스를 물려받는 일도 있는데 평소에 입는 옷과는 소재나 디자인이 너무 달라서 맵시 나게 입는 건 어렵다. 로지나가 모셨던 애스터 자작부인은 레이디 중에서도 드물 정도로 시원시원하게 옷을 물려주는 사람이었다. 하지만 로지나 자신은 고용주에게 받은 옷은 그 사람과 함께 있을 때는 절대 입지 않는 신조가 있었던 것 같다. 팔아서 돈으로 바꾸는 메이드도 많았지만, 그녀는 그렇게도 하지 않았다. 연차 휴가도 가는 둥 마는 둥 하며, 마님의 신변을 돌보며 지냈던 터라 물려받은 드레스는 활약도 하지 못하고 끝나버렸을지도 모른다.

병원의 너스와 아이들의 너스

아이들을 돌보는 너스의 제복은 다른 종류의 「너스」들, 즉 당시의 병원 간호사들이 입던 제복과 똑같았다. 1853년에 시작

※ 1867년 이스트 서퍽 병원의 간호사들. 너스 메이드와 공통점이 많은 복장이지만, 허리에는 가위 등의 간호 도구를 달고 있는 경우가 많다.

된 크림 전쟁Crimean War에서 플로렌스 나이팅게일Florence Noghtin-gale(1820~1910)과 그녀가 이끌던 간호사들이 활약한 이후, 그 유능함과 규격화된 제복이 널리 인지되었다. 따라서 똑같이 너스라는 이름을 가진 개인 저택의 내니나 너스 메이드도 그 영향을 강하게 받은 것으로 보인다. 1860년대까지는 아직 가정부나 하우스 메이드와 별반 다르지 않은 모습을 하고 있었지만, 1870년대부터 80년대에 이르러서는 당시의 병원 간호사와 구분이 되지 않는 복장으로 바뀌었다.

오전 중에는 피케Pique, 평직 바탕
에 돋을무늬가 있는 두툼한 직물로 된 드레
스에 앞치마와 커프스, 모자를 착
용했다. 오후에는 흰색 블라우스
에 회색이나 흰색 스커트로 갈아
입었는데, 외출할 때는 여기에 진
한 색 외투를 걸치고 검은 밀짚모
자나 보닛을 쓰는 것이 그녀들의
표식이었다. 단, 아이들 방의 스
태프에게도 시대의 변화나 스타
일의 차이가 있었는데, 사라 세지
윅의 경우에는 「집 안에서는 스타
킹을 포함해서 항상 흰색 드레스,

🌸 나이팅게일과 비슷한 시기인
1860년대부터 병원 간호사로 활
약한 도로시 패티슨(1832~1878),
애칭 시스터 도라. 그녀의 모습
을 본떠서 턱 아래에 나비매듭으
로 묶는 옛 형태의 간호사 모자를
「시스터 도라 캡」이라 부른다.

외출할 때는 흰색 블라우스와 회색 스커트를 입었다」라고 했지만,
이와 반대로 아그네스 메리 클라크는 「오전 중에는 회색 드레스에
흰색 앞치마와 모자, 오후에는 흰색 드레스, 외출 할 때는 코트와
검은색 모자와 장갑이 지급되었다」라고 기억하고 있었다.

요리사도 너스와 마찬가지로, 일부 키친에서는 흰색 드레스를
입는 특권을 허락받았다. 앞치마는 요리를 해야 했기에 물리적으
로라도 필요했으나, 소매는 걷어야 했기에 딱딱한 커프스는 불필
요했고, 모자도 꺼려했다.

레이디들이 입었던 드레스는 오후에서 저녁, 밤으로 시간대가

✿ 하얗고 빳빳하게 풀을 먹인 옷에 팔을 걷어 올리고 일하는 상층 중류 가정의 키친 스태프. 「브로즈워스 홀」 1910년경.

✿ 프린트 옷감의 옷에 앞치마, 모자를 착용한 소규모 세대의 요리사. 「펀치」 1882년 9월 16일 게재.

늦어질수록 소매는 짧아지고, 목덜미는 깊이 파이면서 상반신의 노출이 많아졌다. 가장 일반적인 이브닝드레스는 가슴골이 보일 듯한 정도의 목장식에, 어깨를 드러낸 노 슬리브No-sleeve. 하지만 메이드는 레이디와는 달리 피부를 드러내는 부분이 적어야 했다. 목 주변은 항상 높은 깃. 스커트 기장에 관해서는 적어도 제1차 세계대전 무렵까지는 장딴지가 보이지 않아야 했고, 치맛단은 땅에 끌리지 않는 길이어야 했다. 그리고 팔은 대부분 긴 소매. 요리사나 메이드들은 팔을 걷어 올리면서 일을 했으나, 고용주나 게스트에게 보일 가능성이 있는 경우에는 모자와 소매와 깃을 단정하게 하지 않으면 타박을 받았다. 반대로 말하면 모자를 쓰지 않는 것이 허용되거나 가슴을 가리지 않는 작은 앞치마를 하는 것은 서열이 높다는 것의 증명인 셈이었다.

메이드 모자가 싫어!

마가렛 파웰은 키친 메이드가 된 후, 메이드 모자가 너무 싫어서 요리사로 승진한 후로는 절대 쓰지 않았다.

「그녀는 나에게 모자를 씌우고 싶어 했으나, 나는 거부했다. 모자는 언제나 종속의 증표로 나를 제압하려고 한다. 너희들도 쓰고 있지만 그것과는 뭔가 의미가 달랐다. 어쨌든 그 모자는 오싹해지는 물건이었다. 설령 기번스Gibbons 경 부인이 마음에

✤ **(왼쪽)**백화점 「해리스」의 카탈로그(1895년)에서. 「세련된 모자」나 「신형 모자」 「세탁할
수 있는 모자」「자수가 들어간 앞치마」 등.
✤ **(오른쪽)**물방울무늬의 모슬린 모자, 리넨으로 만든 너스용 모자 등. 모자 뒤에 있는 리
본은 「등 뒤로 늘어뜨려도 되고 목에 묶어도 된다」라고 제안한다.

들지 않아하더라도 어떻게 할 수 있는 것이 아니었다.」

　그리고 마가렛은 소매에 관해서도 자기주장을 내세워 프린트 옷
감의 드레스 소매를 5부로 만들어버렸다. 그것을 본 마님은 모자
와 함께 손목부터 팔꿈치까지 덮는 흰색 코튼으로 만든 팔토시를
가지고 왔다.
　「이걸 끼면 만약 정면 현관의 응대에 나와도 쾌적하게 일할

수 있겠지?'라고 그녀가 말했다. 하지만 이 사람은 내가 쾌적하
건 말건 그런 건 안중에도 없었다. 진짜 이유는 '그녀가 쾌적한
생각을 하고 싶은 것'일뿐. 그래서 나는 '마님, 감사합니다'라고
말하고는 그것을 받아들고, 그대로 서랍 안에 처박아두었다. 물
론 한 번도 끼지 않았지만, 그 후로 아무 말도 듣지 않았다.」

  안채의 눈이 닿지 않는 세탁실에서는 키친 이상으로 자주독립
정신이 길러진 것 같다. 제2차 세계대전 이전에 체서의 저택 라임
파크에서 런드리 메이드로 일했던 에바 월튼Eva Walton은 「내가 처
음으로 검은 스타킹을 벗어 던졌는데, 그 후로 세탁실에서는 아무
도 신지 않게 되었습니다」라고 했다. 두꺼운 검은색 울 스타킹은
메이드들을 우울하게 만들던 주범으로, 모두가 색이 들어간 얇은
코튼이나 질 좋은 실크 스타킹을 동경했다. 그리고 모자에 대해서
는 「하우스 메이드들은 꼭 써야 했지만, 우리는 당연한 듯이 절대
쓰지 않았습니다」라고 했다.

  모자는 예속의 증거—그것은 본인의 의사와 상관없이 메이드가
된 많은 사람이 입에 담는 공통 키워드였다. 1914년에 태어나 코
츠월드Cotswold의 코티지Cottage에서 제너럴 메이드로 일한 위니프
레드 폴리Winifred Foley도 같은 생각을 하고 있었다.

§ 「세탁 가능한 메이드용 코튼 레이스」의 광고. 예전의 의복은 오더메이드 혹은 옷감을 사서 스스로 만들어 입는 것이 주류였으나, 19세기 후반에는 재봉틀이 보급되고, 기성복도 등장했다. 1890년대.

> 「일단 메이드 모자와 앞치마를 착용하면 나는 미천한 하녀가
> 된다는 것을 알고 있었다. 아무것도 아닌 인간, 제 분수를 잘 아
> 는, 가장 아래쪽 선반의 팔리지 않고 남은 재고 같은 존재.」

모자를 쓸 때, 사용인으로서의 인생이 시작된다. 결혼해서 모자를 벗을 것인가. 쓰지 않아도 괜찮은 직종에서 자유를 구가할 것인가. 커리어를 갈고 닦아 열쇠꾸러미를 손에 넣어 남은 시간은 모자를 계속 쓴 채 살아갈 것인가. 제복에 대한 태도에는 그녀들의 직업관, 더 나아가 인생관이 나타나는 듯하다.

모슬린이란 어떤 천이었을까?

그녀들이 평소에 입는 의복은 어떤 소재로 만들어졌을까. 100년 전의 소설이나 자서전, 가사 매뉴얼 등을 읽어보면 속한계급이나 용도에 따라 다양한 옷감을 구분하여 사용했다는 것을 알 수 있다. 색과 질감 그리고 촉감을 상상해보자.

❀ 모슬린Muslin

코튼의 얇은 실을 평직으로 짠 옷감. 상당히 얇아서 투명감이 있고, 가벼우며 보들보들한 소재. 레이디의 평상복이나 드레스, 메이드에게는 오전용 모자와 앞치마에 사용된다. 일본에서는 모슬린이라고 하면 울을 가리키지만, 유럽과 미국에서는 딱히 따로 설명하지 않으면 코튼을 가리킨다.

❀ 서지Serge

사선으로 골이 생기는 능직원단. 일반적으로는 소모사worsted yarn, 梳毛絲를 사용한 모직물로, 당시의 평상복에 널리 사용되었다. 메이드의 오전 제복 또는 나이가 찬 딸의 외출복으로 「남색이나 회색의 서지」는 분수에 맞고 어울리는 소재라고 여겨졌다. 현대의 교복 등으에도 사용되는 원단이다.

❀ 새틴Satin

수자직. 매끄럽고 부드러운 질감. 표면에 강한 광택이 나는 것이 많다. 특히 실크 새틴은 고급스러운 느낌이어서 전통적으로 상류층의 이브닝드레스 소재로 사용되었다.

❀ 태피터Taffetas

호박단. 평직의 옷감으로, 광택과 탄력이 있음. 실크 태피터는 드레스에 곧잘 사용됨. 종횡으로 다른 색의 실을 사용해서 짜며, 녹색이나 자줏빛을 내는 것도 있다.

THE TROUSSEAU

 속옷이나 시트나 리넨 류 등 갖가지 신혼살림을 준비하는 레이디. 잔뜩 달린 레이스, 실크 소재의 양말이나 드레스는 메이드는 꿈도 꾸지 못할 물품들이었다.

🌿 피케Pique

굵은 골이 생기는 코튼 옷감. 피부에 닿는 촉감이 매끈해서 여름 의류에 많이 사용됨. 흰색이나 연한 색이 많음. 너스들의 오전 중 제복에 사용되었다.

🌿 홀랜드Holland

마나 무명을 평직으로 짠 두꺼운 옷감의 치밀한 직물. 재료 본연의 색 혹은 흰색. 혹은 진한 색이나 줄무늬로 물들여서 사용한다. 메이드들이 더러운 일을 할 때 착용하는 앞치마를 만들 때 사용했다.

🌿 헤센Hessian

햄프Hemp, 마, 주트Jute, 황마 등에서 나오는 섬유로 짠 튼튼하고 코가 성긴 천에 대한 별칭. 포대자루나 거친 일을 할 때 입는 앞치마를 만들 때 사용했다.

🌿 베이즈Baize

두꺼운 펠트와 비슷한 기모 울의 소재로, 녹색이 많다. 당구대나 카드 테이블의 표면에 사용. 사용인 구획의 문에 붙이거나, 집사나 풋맨이 은식기를 닦을 때 착용하는 커다란 앞치마의 소재로 사용되기도 했다.

제7장
메이드의 지갑

첫 월급과 사용처

「처음 맡은 일은 한 살 반 정도 되는 여자아이의 너스 메이드
였습니다. 급료는 1년에 12파운드. 식사와 방값은 무료! 즉, 일
주일에 5실링이 전부 제 것이 되는 겁니다! 완전히 부자가 된 것
같은 기분이 들었습니다.」

1910년에 도싯셔에서 태어난 도로시 퍼지[주1]는 13세 때 학교를
그만두고 일을 시작했다. 하지만 「완전 부자가 된」것 같은 기분은

주1) 도로시 퍼지
1901년 도싯 출생. 13세 때 너스 메이드가 되었고, 전직을 거쳐 20대 무렵에는 팔러 메이드로 일했
다. 1929년에 결혼과 함께 은퇴. 지역 출판사를 통해 자서전 『Sands of Time』(1981)를 간행했다.

🏚 시골의 작은 마을에서는 우체국과 잡화점을 겸한 「마을 상점Village Shop」이 유일한 선
택지였다. 빵, 치즈, 베이컨, 홍차, 리본이나 구두 등 다양한 생활용품이 구비되어 있었
고, 전보, 송금, 저금도 가능했다. 존 찰스John Charles 「빌리지 숍」 1887년.

오래 이어지지 않았다. 근무지에서 디프테리아에 걸려 본가로 돌아가게 된 것이었다. 회복한 후에는 예전과 같은 금액으로 다른 집에서, 이번에는 팔러 메이드로 취직했다. 1910년대 초, 그다지 경험이 없는 메이드의 급료로 연 12파운드는 평균 보다 조금 나은 정도의 금액이었다.

그보다 좀 더 예전인 1890년대. 대저택의 제8 하우스 메이드가 된 엘렌의 연봉은 4파운드였다. 일을 시작하고 나서 드디어 3개월이 되었을 때 소브린Sovereign, 1파운드 금화 하나를 손에 쥐었다. 급료는 원칙적으로 후불제로, 19세기 전반까지는 1년에 한 번이었으나,

🦢 왕실을 비롯하여 상류 계층이 이용한 고급식료품점 「포트넘 & 메이슨」 현재도 런던 중심부의 피카딜리에 세워졌다. 1886년 미국의 식품제조업자 하인츠가 물건을 팔러 온 장면.

이윽고 분기별 지급, 그리고 20세기에는 매월 지급하는 것이 주류가 되었다. 엘렌의 아들로 훗날 집사가 되는 아서 인치Arthur Inch는 이렇게 말했다.

> 「어머니는 자신이 이 세상에서 가장 유복한 레이디였다고 생각하셨을 겁니다. 당시에는 아직, 1페니나 2펜스짜리 동전밖에 만져보지 못하셨을 테니까요.」

위니프레드 그레이스가 14세 때 처음 일했던 때는 도로시 퍼지와 거의 같은 시기인 1913년이었으나, 급료는 훨씬 적었다. 면접을 보고 돌아온 그녀는 남동생에게 「일주일에 1실링이야. 어쩔 수 없이 가긴 하겠지만, 오래 일하진 않을 거야」라고 말했다. 연 수입으로 계산하면 2파운드 10실링이다.

◈ 영국의 협동조합스토어. 「협동조합」은 1844년에 영국의 로치데일에서 만들어진 시스템으로, 조합원이 출자하여 공동으로 구매. 저렴한 가격에 안전한 상품공급을 목표로 한다.

＊해러즈Harrods의 식료품 플로어. 프랑스의 봉마르셰Bon Marché(1852년)를 시작으로 19세기 후반에는 영국에도 다수의 「백화점」이 탄생했다. 의류, 가구에서 식료품까지 수많은 종류와 품목을 갖추고 정찰제 가격으로 상품을 판매했다

어느 여자아이는 5실링을 받고 「부자가 된 기분」이 들었고, 다른 여자아이는 「처음 받은 1파운드 금화」에 흔들렸으며 「고작 1실링」이라고 느낀 아이도 있었다. 그것들은 실제로, 13세의 소녀들에게 어느 정도의 가치가 있었을까.

얘기가 나온 김에 그녀들이 나온 집의 수입을 살펴보자. 영국의 사회문제 연구가였던 찰스 부스Charles Booth(1840~1916)가 1889년부터 1903년에 걸쳐 조사한 결과에 따르면, 부인과 다수의 아이를 돌보며 부족함 없이 살 수 있는 노동자 남성의 수입을 주급 22실링 이상이라고 규정하고 있었다. 30실링 정도 있으면 노동자계급으로는 꽤 여유가 있는 편이라고 할 수 있는데, 위니프레드의 1실링이나 도로시의 5실링은 용돈 정도, 최저임금의 반도 안 되는 금액이라 하겠다. 하지만 임금은 직종이나 숙련 기술의 유무, 그리고 지역에 따라 큰 격차가 있었다. 옥스퍼드셔의 시골에서 소녀 시절을 보낸 플로라 톰슨의 회상에 따르면 농부의 수입은 1880년대 당시 일주일에 10실링. 코티지의 집세는 1실링에서 1실링 6펜스였다고 한다.

「90년대 초에 생활 형편이 조금 나아질 일이 생겼다. 주급이 15 실링으로 오른 것이다. 하지만 한편으로 물가도 오르고 가지고 싶은 것도 늘어서 약간 오른 수입은 자연스럽게 사라지게 되었다.」

영국의 옛 통화제도

현재의 영국의 통화는 1파운드 = 100펜스이지만, 1971년까지는 10진법이 아닌 옛 단위로 환산했었다. 빅토리아시대부터 20세기 전반기까지 유통되었던 화폐에 대하여 정리해보았다.

【통화단위】
1파운드 = 20실링 = 240펜스.
*단수를 페니Penny, 복수를 펜스Pence라고 부름.

【화폐】

통화명	금액	종류
기니Guinea	21실링	금화
소브린	1파운드	금화
하프 소브린	10실링	금화
크라운Crown	5실링	은화
하프 크라운	2실링 6펜스	은화
플로린Florin	2실링	은화
실링Shilling	1실링 = 12펜스	은화
6펜스	6펜스	은화
그로트Groat	4펜스	은화
3펜스	3펜스	은화
페니	1페니	동화 / 청동화
반 페니	1/2페니	동화 / 청동화
파딩Farthing	1/4페니	동화 / 청동화

빵이나 고기, 의류 등, 생활필수품의 대량생산, 값싼 수입품의 유입, 그리고 철도 등의 운송수단이 발달한 결과, 통계상의 숫자로 보면 이 시기에는 물가가 상당히 내려가 있었다. 하지만 실생활은 여전히 어려웠을 것이다. 대부분의 가정에는 아이들이 많았고, 유아사망률도 높았다. 하지만 그런 환경 속에서도 무사하게 자란다면 아이들이 일손을 도와주어 한숨 돌릴 수 있었다.

때문에 메이드들이 얼마 되지 않는 급료를 처음으로 손에 넣으면 가장 먼저 생각하는 것이 본가로 용돈을 보내는 일이었다. 특히, 돈을 벌어야 하는 아버지가 실업을 반복하는 경우, 일하기 시작한 아이들은 본가의 가계를 지탱하고 있다는 사실에 강한 자부심과 책임감을 느끼고 있었다. 1884년, 석 달 치 급료로 3파운드를 받은 어느 팔러 메이드는 처음으로 받은 세 개의 소브린 금화를 그대로 봉투에 넣어 본가로 보냈다고 한다.

두근거리는 쇼핑

여유가 생기면 그다음으로 하는 것이 저금일 것이다. 연인이 있다면 결혼자금으로 삼을 것이고 갑자기 실직했을 때를 대비해서도 필요했다. 1930년대에 스코틀랜드의 저택 맨더스턴에서 하우스 메이드로 일했던 베티 위니Betty Winnie는 달지 않은 홍차의 맛에 익숙해지려고 결심했다. 설탕에 드는 돈을 절약하여 저금하기 위해서였다.

그렇게 결심했지만, 역시 돈이 있으면 사고 싶은 것은 역시 옷이나 구두나 모자나 리본이었을 것이다. 작업복이나 앞치마가 아니라, 놀러 갈 때 입을 귀여운 것이리라. 1896년 4월 4일자 『걸즈 온 페이퍼』에는 「젊은 사용인의 옷으로 무엇을 사야 할까」라는 쇼핑 기사가 실렸다. 메이드 일을 시작할 때 필요한 제복·앞치마·속옷을 위한 옷감, 구두나 손수건 등의 소품과 각각의 금액이 열거되어 있었는데, 총액은 3파운드 11실링 4펜스 3파딩이었다. 그 다음으로 필요한 것은 외출용 모자, 웃옷, 덧깃, 스타킹, 코르셋, 캡모자. 「교회 갈 때나 쉬는 날을 위해서 밝은색 드레스가 있으면 좋을 것 같죠? 하지만 더욱 필요한 물품을 우선시해야 합니다」라고 하면서 모범적인 소녀 잡지의 기사는 소녀의 마음에 못을 박았다.

고용주들은 메이드가 옷치장에 신경 쓰는 것을 싫어했을 뿐 아니라 타락의 시작이라 단정하고 있었다. 따라서 화려한 모자나 실크 스타킹은 분수에 맞지 않으며 경박하다고 금지했고, 검은색만을 추천했다, 그럼에도 그녀들은 쇼핑을 나갈 때 가슴이 두근거렸다. 1930년대에 메이드가 된 아이린 톰슨은 이렇게 말했다.

「처음 레스터Leicester에 가서 스스로 트위드tweed, 올이 굵은 모직물를 샀던 것을 잘 기억하고 있죠. 지금도 눈에 선하답니다.」

검은색에서 회색, 남색, 갈색 이윽고 훨씬 밝은 「인기가 많은 색상」의 드레스로. 울에서 코튼, 그리고 언제부터인가 동경의 대상인 실크 스타킹으로. 어쩌면 그전에 나일론 시대가 왔을 가능성도 있다. 그리하여 그녀들도 지갑이나 주변의 눈을 인식하면서 침대 아래 두었던 트렁크 안을 조금씩 채워나갔을 것이다.

19세기 말 메이드의 연봉

처음으로 취직하는 「2류 직장」은 낮은 임금으로 붙잡아두는 곳이라는 걸 알고 있지만, 경험을 쌓은 뒤 전직하고 나서 본격적으로

🖋 (왼쪽)잡지 기사 「작금의 메이드」에서. 오래된 롱코트와 우산, 눈에 띄는 붉은 앞머리를 잘라 늘어뜨리고 「화이트 채플White chapel에서 유행하는 깃털 모자」로 멋을 낸 여자아이. 설령 면접에서 떨어진다고 해도 거리의 유행에는 뒤처질 수 없는 모양이다. 「카셀 패밀리 매거진」 1894년.
🖋 (가운데)레이스로 장식된 실크 소재의 긴 양말은 7실링 6펜스~15실링 이상도 한다. 「해러스」의 카탈로그에(1895년) 게재된 것은 레이디를 타깃으로 한 고급품. 메이드는 도저히 살 수 없을 것 같다.
🖋 (오른쪽)쉬는 날 한껏 멋을 낸 키친 메이드 캐롤라인 파머. 꽃이 달린 밀짚모자, 밝은색 드레스, 장갑과 손목시계. 1906년~1915년까지 「브로즈워스 홀」에서 일했다.

「급료는 1년에 40파운드, 제복 2벌, 모자 2개, 삼시 세끼마다 고기와 맥주, 그리고 반드시 교회에 가도록 해주셔야 합니다.」과도한 요구를 하는 풋맨. 「펀치」, 1848년. 9월 16일 게재.

요리사 응모자 「지금까지 계속 4명의 사용인이 있는 곳에서 일했습니다. 그리고 마님, 미리 말씀드리는데, 밤에는 트럼프로 호이스트 삼세판을 하고 싶습니다.」임금 이외의 요구도 중요하다. 「펀치」, 1885년 1월 10일 게재.

일하기 시작한 후로는 어떻게 되는 걸까. 1890년대에 상무성이 실시한 조사에 따르면 특히 많았던 중심 연령층별로 나눈 메이드의 평균 연봉은 〈표 1〉과 같다.

아버지들과 마찬가지로 메이드들의 임금도 지방 격차가 있어서, 런던이 한 단계 높다. 가정부나 너스 겸 하우스 메이드에 관해서는 역전현상이 일어났다. 도시의 소규모 세대에서는 이름만 번드르르하고 내실은 제너럴 메이드에 가까운 직장이 많았다는 것일지도 모른다. 그러한 제너럴이나 비트윈 메이드보다 하우스 메이드가 조금은 나은 금액을 받고 있고,

직종	연령	런던의 임금	잉글랜드와 웨일스의 임금 (런던제외)
표1_1890년대 상무성이 실시한 여성 사용인의 임금조사 (연액, 단위는 파운드)			
비트윈 메이드	19	12.4	10.7
스컬러리 메이드	19	13.7	13
키친 메이드	20	16.6	15
너스 겸 하우스 메이드	21~24	14.9	16
제너럴	21~24	14.9	14.6
하우스 메이드	21~24	17.5	16.2
너스	25~29	21	20.1
팔러 메이드	25~29	22.2	20.6
런드리 메이드	25~29	27.3	23.6
요리사	25~29	21.8	20.2
레이디스 메이드	30~34	28.1	24.7
요리사 겸 가정부	40~	41.6	35.6
가정부	40~	34.3	52.2

*pamela Horn "Rise and Fall of the VICTORIAN SERVANT"에서 인용

게다가 팔러 메이드가 연령이 높아서 대우도 좋았던 것 같다.

마가렛 파월은 첫 직장을 자택 바로 옆으로 정했지만, 보다 더 직장을 원해서 가족의 반대를 무릅쓰고 런던으로 전직했다. 진 레니는 스컬러리 메이드에서 키친 메이드, 로지나 해리슨은 젊은 아가씨의 몸종에서 마님을 모시는 레이디스 메이드로, 경험을 쌓아 클래스 업을 했다. 조사결과 평균임금을 비교해보니, 그녀들이 보다 높은 대우를 요구하면서 나이가 많아짐에 따라 직장을 옮겼다는 것을 알 수 있었다.

전체적으로는 중류계급의 가정보다 지주나 귀족의 대저택의 임금이 더 높았다. 경제적으로 불안정한 중류계급의 여주인은 도로

표2_1872년 펫워스 하우스에 고용된 사용인의 임금	
	(연액, 단위는 파운드)
저택관리인	105
요리사	120
집사	70
시종	60
부집사(2명)	34, 25
안내인	34
풋맨(3명)	32(2명), 28
램프맨	28
저택관리인의 조수	18
로스트 담당 요리사	35
스컬러리맨	35
가정부	52파운드 10실링
제빵사	35
런드리 메이드(5명)	25, 19, 17, 14, 12
하우스 메이드(9명)	23파운드 2실링, 16(6명), 8(2명)
키친 메이드(2명)	18, 12
스틸룸 메이드	14
보조 제빵사	10

*Adeline Hartcup "Below Stairs in the Great Country Houses"에서 인용

시나 위니프레드처럼 경험이 없는 여성을 일정 기간 고용하고는 해고하는 식으로 지출을 억제했지만, 유복한 고용주들은 경험이 풍부한 성인 사용인을 높은 연봉으로 붙잡아두려고 했기 때문이었다.

성별도 중대한 요소다. 예를 들면 마님을 섬기는 레이디스 메이드와 남성의 시중을 드는 시종의 임무는 비슷하지만, 후자는 전자의 두세 배의 보수를 받는다.

1871년, 영국 남부의 서식스 Sussex에 있던 펫워스 하우스에는 서

른네 명의 실내 사용인이 일하고 있었다. 유복한 귀족이 사는 컨트리 하우스의 일례로 스태프의 연봉 액수를 기록한 〈표2〉를 살펴보자.

남녀 간의 임금 격차

〈표2〉를 보면 요리사의 급료가 가장 높은데, 저택관리인과 함께 백 파운드 이상의 급료를 받는 것이 눈에 들어온다. 이 저택에서는 1870년대부터 1880년대까지 최상급의 요리사부터 로스트 담당 요리사, 제빵사까지 세 명은 프랑스인 남성이 차지하고 있었다. 다른 곳에서는 보기 드물 정도로 호사스러운 인원 구성이다. 수석 요리사에 결원이 생겨서 여성 요리사가 대역을 맡은 기간도

「펫워스 하우스」의 남성 사용인들. 흰 옷을 입은 셰프, 그 뒤에 서 있는 검은 보타이를 맨 사람이 부집사, 흰색 보타이를 맨 두 사람은 풋맨이며. 오른쪽 끝에 슈트를 입은 남성이 저택관리인이다. 1870년대.

※ 식물원에 간 레이디를 기다리는 동안, 따라간 풋맨은 내기에 열중. 급료는 충분했으나 술과 도박에 사용해버리는 남성 사용인이 많았던 모양이다. 「펀치」 1858년 6월 26일 게재.

※ 가정교사 「찰리, 네가 손에 들어야 하는 세 가지(짐)는 뭐지?」 찰리 (공상하며) 「세상과 고기와 악마(**영국 성공회 기도서에서**)입니다.」 아이들과 장거리 여행을 할 때, 레이디로 보아도 손색없는 외출복을 입은 여성 가정교사. 「펀치」 1871년 8월 26일 게재.

있었는데, 그 경우에는 70파운드가 지급되었다. 가정부와 저택관리인, 메이드 전반과 풋맨의 금액을 비교해보면, 남녀 간의 임금 격차가 뚜렷하게 드러난다. 최하급 하우스 메이드는 8파운드로, 유일하게 한 자릿수 연봉을 받고 있음을 알 수 있다. 이 금액에 만족했던 두 명은 일을 시작한 지 얼마 되지 않은 신입이 아니었을까 하는 생각이 든다.

잘 살펴보면 저택관리인의 105파운드라는 금액의 끝자리 숫자도 신경 쓰인다. 사실 이것은 1813년에 제조가 중지된 옛 통화단위 「기니」를 베이스로 한 결과로, 실물

화폐로서는 유통되지 않았으나, 고급품의 가격이나 신사에게 주는 사례금 단위로 계속 쓰였다. 1기니가 1파운드의 1.05배였으므로 즉, 105파운드는 100기니인 셈이다. 이 집에서는 상급 서열의 사용인은 「기니로 지급받을 권리」를 가지고 있었다는 건지도 모른다.

같은 시기인 1871년, 레스터 백작의 본가인

메이드 「북쪽으로 오고 나서 영 기운이 없잖아, 제임스. 날씨? 아니면 경치 때문이야?」 풋맨 「그런 것보다 심각한 건, 맥주가 다르단 점이야, 마리아.」 수렵의 계절에 현지에서 지급하는 맥주가 마음에 들지 않았던 걸까. 「펀치」 1890년 9월 15일 게재.

노퍽의 홀컴 홀에서는 프랑스인 여성 가정교사에게 역시 105파운드가 지급되었다. 중류계급에서 고용하는 더부살이 여성가정교사의 시세는 기껏해야 20~45파운드였다고 하니, 역시 백작 가문은 파격적인 대우를 한 셈이다.

하지만 가정교사는 보통 자신의 의상비, 세탁비, 문구비 등을 이 급료 안에서 차감하도록 되어 있었다. 특히 드레스 비용은 큰 부담이었는데, 신사·숙녀 가문 자녀들의 교육을 담당하고 있던 몸인 만큼, 그녀들 자신도 숙녀일 것을 요구받았기 때문이다. 식사

❦ **(왼쪽)**가정부는 차나 설탕, 향신료, 잼, 과자 등을 보관하는 창고(**스틸 룸**)의 당번이다. 문을 잠그면 아무도 들어가지 못한다.
앤 코베트Anne Corbett『영국의 가정부』권두화, 1851년 판.

❦ **(오른쪽)**메이드 「요즘 우유가 묽다고 마님이 말씀하셨어요.」
우유 배달부 「그야 그렇겠지, 날씨가 이러니 젖소도 목이 마르지 않겠어? 불쌍하기도 하지.」 물을 타서 양을 늘린 식품이 횡행하여 법 규제가 강화되었건만….
『펀치』, 1885년 8월 8일 게재.

❦ 「참새풀sparrow grass 어떠십니…어이쿠! 이런, 실례를. '아스파라거스'올습니다.」 전자는 교육을 받지 못한 사람들이 사용하는 말. 빵, 고기, 생선, 채소 등의 일상 식재료는 정기적으로 통용구를 통해 구매하는 것이 일반적이었다. 『펀치』 1870년 캘린더.

「그 자루를 마차 뒤에 실어줘. 당신들 중 누군가가 마부 자리에 앉으면 들어가잖아?」 마님께서 직접 협동조합스토어에서 대량구매. 지역의 식료품점과 사용인이 결탁. 리베이트를 통해「부수입」을 올리는 것을 주인들은 싫어했다. 「펀치」 1873년 캘린더에서.

와 숙박이 제공되는 곳에서 일하면서 임금을 받는 입장은 사용인과 똑같지만, 겉모습은 레이디처럼 깔끔하게 차려입을 것을 요구받았다. 아무리 부담스러워도 메이드가 고용주에게 받았던 「역겨운 삶은 바닷가재」 같은 핑크색 코튼으로 된 옷이나 「소름 끼치는 모자와 앞치마」를 걸칠 수는 없는 노릇이었기 때문이다.

수당, 부수입, 팁

가정교사에게는 용인되지 않았지만, 다른 사용인들은 「수당al-lowance」을 받을 수 있었다. 그 명목은 맥주 값이나 세탁비였으며 19세기 전반에는 차 값, 설탕 값 등이 여기에 해당했다. 고용주에 따라 현물 그 자체로 지급하는 경우가 있는가 하면, 상응하는 금액

오랫동안 이용해온 식료품점 점원에게 「오늘 아침에는 아무것도 필요 없어요. 대신 마님이 이 협동조합스토어 앞으로 주문장에 수표를 끊어 놓으래요.」 오랫동안 익숙했던 시스템에서 생협의 통신판매로 바꾸신 건가? 「펀치」, 1877년 7월 28일 게재.

을 지급한 곳도 있었다. 현물로 지급할 때 가정부가 있다면 그녀가 해당 업무를 담당하게 된다. 대개는 일주일에 한 번, 정해진 요일에 창고에서 꺼내어 스태프에게 건넸다.

예전에는 대부분의 컨트리 하우스 부지 안에 양조장이 있어, 집사의 지휘 아래에서 맥주를 만들었다. 전통적인 사용인의 음료를 꼽으라면 맥주이고, 집 밖에서 일하는 노동자들이나,

배달 때문에 들르는 외부업자들에게도 선선히 제공했다.

양조장에서 파이프를 연결하거나, 나무통을 사용인 홀에 놔두고 조식, 중식, 석식 동안 원하는 만큼 맥주를 마실 수 있게 하는 집이 있는가 하면, 알코올을 엄하게 금하는 고용주도 있었다.

1905년, 웨일스의 지주 저택 어딕에서는 맥주 1파인트Pint, 영국 파인트는 약 0.568ℓ에 해당한다당 2펜스 반에서 3펜스의 가격으로, 사용인들도 자유롭게 마실 수 있었다. 지급 받는 수당 금액은 서열에 따라 달라서 집사는 주당 8실링, 하우스 메이드나 팔러 메이드는 4실

링, 가장 젊은 메이드와 홀보이는 2실링을 분배받았다.

하지만 19세기 말에 이르러서 특히 중류계급 가정에서는 맥주 값을 지급하는 관습이 끊어진 듯하다. 여기에는 노동자의 과도한 음주를 문제시하는 금주 운동이 활발하게 진행되었던 이유도 있다.

시대의 흐름에 따라 집에서 직접 만든 맥주는 과거의 것이 되어 갔고, 그 대신 추천된 것은 차였다. 19세기 초까지는 아직 고가였지만, 인도의 실론Ceylon에서 재배된 홍차가 대량으로 수입되면서 가격이 내려가 국민 음료의 지위를 차지했다.

고용주가 다른 장소에서 체재 중, 해고되지 않고 집을 지킬 경우에는 식사를 구매하기 위한 「숙박 수당board wages」이 지급되었다. 1890년대의 펫워스 하우스에서는 메이드의 숙박수당이 일주일에 11실링 6펜스였다고 한다.

베드퍼드Bedford 공작의 본거지였던 워번 애비Woburn Abbey에서는 주인 가족이 집을 비웠을 때 이외의 경우에도 일률적으로 숙박수당을 지급하는 형식이었다고 한다. 이곳에서는 메이드 전원에게 설탕 값을 일주일에 6펜스, 그리고 숙박 수당으로 9실링 6펜스를 지급했다. 최하급 하우스 메이드의 연봉이 12파운드였기에 수당 만으로도 기본급을 크게 웃도는 금액을 받게 되는 것이다.

메이드들의 부수입은 수당 말고도 또 있었다. 바로 「Perks현대에는 (은행 등에서)비금전적 혜택이라는 의미로도 쓰임」와 팁Tip이다. 출입하는 배달 업자를 결정하고 대금을 지불하는 입장에 있는 사람은 담당자에게 서 「수수료Commission」, 「디스카운트」 등을 명목으로 개인적으로 현

The "Lilian" smart Toque, in black
spangled net and sequin wings. From
25/6.

The "Evelyn" Hat, in talac satin, fancy
straw, trimming lace, and French rose.
From 2 guineas.

The 'Beatrice' Bonnet trimmed with
pansies and feather aigrette. From
21/0.

The "Princess May" Bonnet, in bright
crimson straw, trimmed ribbon and an
ivy mount. From 21/0

「해러즈」 백화점의 1895년 카탈로그에 실린 레이디용 모자. 조화나 깃털. 레이스나 리본이 잔뜩 사용되었다. 가격은 1~2기니부터. 작은 새의 박제를 그대로 얹은 모자도 유행했다.

금을 받는 일도 있었다. 집 안에서 나오는 폐기물도 부수입의 원천이었다. 요리사는 조리과정의 부산물로 나오는 지방, 집사나 보이는 양초, 빈 와인병, 코르크 마개 등을 손에 넣을 수 있었는데, 전부 정기적으로 찾아오는 고물상에게 팔아 소소한 수입을 얻을 수 있었다. 레이디스 메이드나 시종은 물려받은 헌 옷을 자신이 입거나 가족에게 보내거나 아니면 팔아서 돈으로 바꾸었다.

키친 메이드나 스컬러리 메이드가 벗긴 토끼 가죽은 그들의 차지가 되었다. 진 레니의 회상에 따르면 1920년대에 토끼 모피는 4펜스, 야생 토끼는 1실링에 팔렸는데, 물론 이 가격은 세심한 주의를 기울여서 상처 없이 벗긴 것에만 해당했지만 일주일에 스무 마리나 처리할 때도 있어서「그걸로 제법 두둑하게 벌 수 있었다」고 했다.

너스는 돌보는 아이들이 세례를 받을 때 팁을 받았다. 하우스 메이드의 경우에는 집에 머문 손님들이 베개 밑에 팁으로 동전을 두기도 했다. 하지만 손님에게 큰 액수의 팁을 기대할 수 있는 것은 집사나 시종, 풋맨 등 직접 접할 기회가 많은「앞쪽」부서의 남성 스태프였다.

크리스마스에는 하프 크라운에서 10실링, 1소브린, 5파운드 지폐까지 현금을 주는 고용주가 많았는데, 제복용 옷감이나 앞치마 등, 찬반양론의 반응을 불러일으키는 현물로 지급하는 곳도 있었다. 레이디스 메이드인 로지나 해리슨은 마님에게 선물 고르는 일을 일임 받아,「버지니아 산 진짜 햄」이나「나일론으로 만든 레이스 커프스」등을 선택해서 매년 다들 기뻐했다. 하지만 클리브덴 저택에서 일한 지 2년째 되는 겨울에는 그 역할이 아직까지는 그녀의 것이 아니었기에 선물을 둘러싼 대참사가 일어나는 것을 눈앞에서 보게 되었다.

로지나가 모시던 애스터 자작부인은 큰 모자를 좋아해서 외국으로 갈 때면 제한을 훨씬 초과해서 사올 정도였다. 그 모자 사랑을 스태프들과 나누기 위해서 부인은 메이드들에게 크리스마스 때 모자를 선물하기로 결정했다. 그런데 지시를 받은 개인 비서는 모두에게 줄 선물로, 눈치도 없이 사이즈와 색만 다른 똑같은 모자를 사오고 말았다. 게다가 2실링 11펜스라는 가격표가 달린 채였다. 사용인 홀은 분노로 폭동이 일어나기 직전이었다. 하지만 메이드들은 곧 장난기가 발동해서 눈과 귀를 덮을 정도로 깊이 눌러 쓰거나, 머리 뒤쪽에 얹어놓고 장난쳤다. 남성 사용인 중에는 모자를 사용해서 재치 있게 애스터 자작부인의 흉내를 내는 사람도 있었다. 마지막에는 축구공 모양으로 만들어 난로에 지펴서 태워버렸다.

물건의 파손과 변상

여러 직장 중에는 시원시원하게 수당을 주는 집만 있는 것이 아니었으며, 만약 물건을 파손하기라도 하면 그렇지 않아도 쥐꼬리만한 급료에서 깎이는 두려움도 있었다. 빅토리아시대의 가사 매뉴얼에 따르면 사전에 알리지 않고 급료를 깎는 행위는 위법이었

PHASE THIRD.—HER MISFORTUNES.

✣ 「아앗. 마님. 이거 이렇게 깨지기 쉬운 거였어요?! 어느 틈엔가 응접실로 이동해왔다고
요! 저도 모르는 사이에 떨어졌다니까요!」 …아니, 애초에 뭘 어떻게 할 생각이었던 걸
까? 『펀치』, 1878년경.

으나, 메이드 출신자들의 경험담을 보면 완전히 무시하고 있었다
는 것을 알 수 있다.

1920년대에 노부부의 집에서 「요리사 겸 제너럴 서번트」로 일했
던 바네트Barnett 부인도 벌금의 추억을 이야기했다.

　「그날 아침, 그 더러운 것(타쿠唾具, 가래나 침을 뱉는 것)을 떨어뜨려
　변기를 깨고 말았습니다. 마님은 상당히 역정을 내셨고, 일주일
　에 5실링인 급료를 압류해서 변상하게 했었죠. 새 변기는 1파운
　드 7실링 6펜스나 했습니다.」

그녀는 살짝 덜렁대는 성격이었을지도 모른다. 어떤 날에는 아
침 테이블을 준비하면서 관엽식물을 들어 올렸는데, 그것은 「공중

❧ (가장 왼쪽)잡지기사 「키친 · 트러블」 작업용 장갑을 끼고 청소를 하고 있었는데 비싸 보이는 꽃병을 떨어뜨리고 말았다. 「카셀 패밀리 매거진」, 1893년 게재.

❧ (왼쪽 두번째)「봄의 대청소. 아버지가 아끼던 조각상을 메리가 격파!」 앞치마를 맨 모습 하나만 봐도 조심성이 없을 것 같은 메이드의 소행. 소인은 1907년.

❧ (오른쪽 첫번째)계단에서 떨어지고, 구르면서 접시가 마룻바닥에 와장창! 「그랜드 슬램」 달성이다. 1907년 소인이 찍힌 엽서.

❧ (가장 오른쪽)사다리에서 떨어져 아기가 깔렸다. 「체중이 가벼운 하우스 메이드 구함(그리고 새 아기도)」 블랙 유머가 돋보이는 엽서. 소인은 1907년

으로 떠올라」 벽과 충돌했으며 또 다시 2주분의 급료가 날아버리고 말았다고 한다.

1906년에 태어난 라비니아 스웨인뱅크도 똑같은 경험을 했었다. 세 명의 여성이 사는 소규모 가정의 하급 하우스 메이드가 된 지 1년이 지나, 대량의 일이 적힌 시간표에도 익숙해졌을 때의 일이다. 그녀는 일하던 중에 빈혈을 일으켜서 아침 일찍 홍차 세트를 담은 트레이와 함께 계단에서 키친까지 굴러 떨어지고 말았다. 여주인은 자

신의 주치의를 불러 「임신 중이 아닌 것」을 확인했다. 그녀는 요양을 위해 본가로 돌아왔으나, 「파손한 물건에 대한 배상으로 7실링 6펜스가 급료에서 삭감된 것을 알았을 때는 실망했습니다」라고 했다. 건강을 되찾은 후, 다른 근무지를 찾고자 예전 여주인에게 소개서를 써달라고 하자, 다시 돌아와 주면 안 되겠냐는 말을 들었다. …하지만 거절했다. 당시의 고용주에게 흔히 있는 태도였을지도 모르나, 실망감은 부정할 수 없으리라.

자전거를 손에 넣다

힘든 일이었지만, 이 직장이 싫었던 것은 아니다. 동료들은 친절했고, 식사도 맛있었고, 나름대로 행복한 날들이었다. 중고 자전거를 손에 넣은 후부터는 휴일에 6킬로미터 떨어진 마을에 가는 것도 편해졌다.

자전거의 가격은 신제품은 1870년대에는 8~12파운드, 1880년대에는 4파운드로, 신입 메이드의 연 수입과 거의 비슷했다. 세기 말에 일어난 대유행 때는 1파운드의 중고품도 팔았다고 한다.

1917년, 켄트Kent의 목사관에서 일했던 팔러 메이드인 퍼니 울 거도 자전거를 손에 넣었다. 연인인 윌리가 사준 것이었는데, 정 원사였던 그는 일주일에 16실링이던 급료를 저축해서,「중고로도 10파운드」나 하는 물건을 과감하게 구매했다고 한다. 데이트가 끝 난 후 돌아가는 캄캄한 시골길도 「구식 기름 램프가 아닌, 아세틸 렌 램프가 달려있어서」 안전했다. 연료를 넣을 때 냄새가 심해서 다루기 쉽지 않았던 점이 어려웠지만.

불평의 끝을 달리는 메이드의 장시간 노동도 해를 거듭할수록 개선되었다. 휴일도 휴식도 조금씩 늘어났고, 멀리까지 갈 수 있 는 발도 생겼다. 조금이라도 돈이 생기면 멋을 부리고 거리로 나 갔다. 그래서 다음 장에서는 그녀들이 휴일을 어떻게 보냈는지 살 펴볼까 한다.

「해군육군스토어」 카탈로그(1907년)에 따르면 트라이엄프사의 제품으로 적절한 가격 의 신사용이 6파운드 15실링부터. 3단 변속의 가장 비싼 것은 18파운드 12실링이다.

❀ 스탠퍼드셔의 저택 「슈그버러」에서 1920~1930년대에 런드리 메이드로 일했던 네스
터 맥도널드와 그녀가 자랑하던 자전거.

제8장
메이드의 유희

🖼 패트릭 앨런 프레이저, 「태만」 1871년.
모델은 화가 자신의 메이드. 일하는 중간에 졸고 있는 게으름뱅이가 아닌, 주인이 쓴 「도움이 되는 책」을 읽다가 잠이 든 장면.

언제, 얼마나 쉬었을까

「목사관의 사용인들에게 일주일 중 가장 기다려지는 것은 휴일이었습니다. 일주일 간격으로 한 번 있는 오후와 매주 1회, 야간에 자유 시간이 주어졌습니다. 단, 젊은 키친 메이드와 하급 하우스 메이드는 달랐는데, 그녀들에게는 일주일에 한 번, 2시부터 4시까지 오후의 휴식뿐이었습니다. 볼일이 있다면서 필요

이상으로 쉴 수는 없었습니다. 하지만 예외는 있었습니다. 놀랄 지도 모르겠습니다만, 그것은 치과에 갈 때였습니다.」

팔러 메이드인 퍼니 울거가 1913년부터 모셨던 목사 부부는 치아 관리에 상당히 민감해서 치과에 간다는 핑계를 대면 언제든지 외출을 인정해주었다고 한다. 하지만 이런 집은 아마 예외였을 것이다.

19세기 초까지 메이드들은 교회에 갈 때 이외에는 딱히 정해진 휴일이 거의 없었지만 세월이 흐르면서 점점 이것도 하나의 제도로 굳어져 갔다. 1880년에 출판된 매뉴얼 『사용인의 실용 가이드』는 「사용인을 고용할 때, 휴일의 규정을 명확히 정해야 한다」고 단

❧ 프레드릭 하디, 「파티가 끝난 후」 1876년. 일에 지친 젊은 메이드와 그 동료. 장갑이나 쥘부채가 남아있는 의자의 배치로 미루어보아 무도회 같다.

언하고 있다. 이 책에 따르면 매주 일요일에는 오전·오후·밤 중에 한 번, 그리고 일주일 간격으로 2회, 교회에 가도록 할 것. 그리고 일주일에 한 번 오후에 외출. 거기에 한 달에 한 번, 반일 혹은 온종일 휴일을 허락하는 것이 「일반적인 룰」이라고 규정하고 있었다.

하지만 어떤 휴식이 어느 정도까지 허락되는가는 완전히 고용주의 재량에 달려 있었다. 1909년에 13세의 나이로 하급 너스가 된 수잔 호더Susan Hodor는 여러 중류 가정에서 일을 해봤는데, 어디서나 휴일 없이 일만 계속시켰다. 어느 집에서는 「매일 2시에 정원을 가로질러 편지를 부치러 갈 때와 일요일에 교회에 갈 때」에만 외출할 기회가 있었고, 또 다른 직장에서는 아예 휴식시간이 없었으며, 만약 편지를 읽거나 쓰는 모습을 들키기라도 하면, 바느질감을 받게 되든지, 은식기를 닦으라고 명령했다」고 한다.

1932년에 컨트리 하우스에서 트위니로 일하기 시작한 아이린 볼더슨의 휴일은 「매주 한 번 반일 휴식, 매주 일요일 휴식」이었다. 반세기 전의 사용인 매뉴얼이 권했던 수준과 거의 비슷하거나, 보기에 따라서는 오히려 후퇴한 것처럼 보이기도 한다. 하지만 다른 증언과 비교해 보아도 「일반적인 룰」로써는 이 정도가 현실이었다.

큰 저택은 그에 걸맞은 광대한 영지 안에 세워져 있어서, 저택의 주인이 어디론가 놀러 나가려고 한다면 일단 「발」의 확보가 필수였다. 슈롭셔의 저택에서 일했을 때의 아이린은 이런 형편에 놓여 있었다고 한다.

❦ (왼쪽 위)1926년에 촬영한 저택「슈그버러」의 메이드들. 이 집은 사용인이 친구를 초대하거나 댄스파티에 나가는 것을 장려했다.

❦ (왼쪽 아래)「이 메이드는 녹이 스는 것을 싫어하고 반짝이는 것을 좋아함. 마님의 자전거를 매일 타고 돌아다니는 것은 그런 이유 때문이다.」유머 포스트카드. 1904년 크리스마스에 사용.

❦ (오른쪽)1908년, 메이드 생활 3년차인 수잔 호더. 직장을 몇 군데 옮기면서「휴식시간이 전혀 없는」상황에서 자전거를 타고「Escape」했던 모양이다.

「그 시절에는 버스도 열차도 없어서 노스브리지 거리까지 차로 데려다 달라고 했습니다. 그곳도 당시에는 아직은 자그마한 마켓타운이었죠. 매주 일요일 오후가 되면 스태프 절반과 영지에서 일하는 사람 중 희망자를 태운 웨건으로 나갔습니다. 2시에 나가서 4시에는 돌아왔었죠. 그래서 마을에는 일주일 간격으로 두 시간밖에 있을 수 없었어요.」

주인 내외가 자신들이 볼일이 있어 마을로 나갈 때, 사용인 홀에 전언을 돌려 희망자와 동행하는 집도 있었다. 만약 퍼니처럼 자전거가 있었다면, 다른 사람의 눈치를 보지 않고 멀리 나갈 수 있었을 것이다. 자전거는 메이드들의 심신에 정말 커다란 자유를 선사했다.

통금시간에 늦었다!

9시 혹은 10시까지는 집으로 돌아와 있어야 한다는 규칙을 엄격하게 지키게 하는 집이 많았다. 그 시간을 넘기면 최악의 경우, 소개장 없이 쫓겨나는 일이 기다리고 있다. 나중에 캐리어를 쌓기 어려워지는 것은 명백했다. 하지만 젊은 여자들에게 규칙은 어기기 위해 존재하는 것일지도 모르겠다. 도로시 퍼지(결혼 이전의 성은 파크)는 이렇게 회상했다.

「통금 시간은 겨울에는 9시 30분, 여름에는 10시였습니다. 어느 날 밤, 겨우 10분 늦었는데 문이 잠겼던 적이 있었더랬죠. 다행히도 스컬러리의 창문이 완전히 닫혀 있지 않아서 억지로 비집고 들어갈 수 있었습니다. 그리고 5분 후, 마님이 요리사에게 '파크는 아직 돌아오지 않은 거야?'라며 화를 내시는 목소리가 들렸습니다. 요리사는 내 편이었기에 이렇게 대답해주었습니다. '방에 있을 겁니다. 줄곧 방 안에 있었던 걸요!'」

에드워드 시대 때 크게 유행한 「디아볼로diabolo」. 두 개의 막대기에 연결한 끈으로 팽이를 조종한다. 너무 열중한 나머지 일을 뒷전으로 미룬다는 코믹 엽서가 아주 많다.

당연한 얘기겠지만 도로시가 「줄곧 방 안에 있었던 걸요」라는 얘기는 새빨간 거짓말이었다. 이 외에도 통금시간을 넘긴 적이 몇 번 있었는데, 마침 계단 위에서 그녀를 찾는 긴박한 상황에 처하게 된 적도 있었다. 다행히도 이때는 레이디스 메이드가 기지를 발휘, 「지금 머리를 감고 있습니다」라고 얼버무려주었다. 당시의 도

🎐 탁구는 20세기 초에 유행한 스포츠. 1898년경에 영국에서 셀룰로이드 공이 고안된
후에 급속도로 발전했다.

로시는 20대 중반의 나이로, 메이드로서는 물론 동료들과의 연계
또한 「베테랑」이라 할 수 있었다.

　제1차 세계대전이 끝나고 1920년대에 들어서면서 심각한 불황
의 여파로 빅토리아시대의 고급스러움은 후퇴하고 어수선한 분위
기가 만연한 모습을 볼 수 있었다. 여러 증언이나 회상록을 보면,
영국의 어느 저택을 보더라도 야밤에 메이드가 창문으로 몰래 숨
어들어가는 일이 그리 드물지 않더라는 인상을 받을 정도였다

　스컬러리 메이드인 사라 샌더슨Sarah Sanderson도 그중 한 사람
이었다. 요크셔 지방에 있는 헤어우드Harewood 백작의 저택에서
1926년부터 일하기 시작한 그녀는 어느 토요일에 근처 마을에서

열린 댄스파티를 즐기고 있었다. 하지만 역시나 통금시간에 늦어서 창문을 통해 들어갔는데, 마침 그곳은 집사가 목욕을 하고 있던 방이었다! 지방신문과의 인터뷰에서 당시 92세였던 그녀는 「(집사는) 무척 불쾌한 표정이었습니다」라고 회상했다. 하지만 다행히도 해고는 면했다고 한다.

규칙을 어기고서라도 노래하고 춤을 추고 싶다. 그러한 마음을 다른 사람보다 한층 더 강하게 가지고서 언젠가 무대에 서는 꿈을 꾼 진 레니도, 사라도 같은 시기에 통금시간을 어기고 창문을 통해 들어간 경험이 있다. 17세 때 일한 첫 직장에서는 「일은 힘들었지만, 빈틈을 찾으면 나름대로 마음껏 즐겼다」라고 했다.

거의 비슷한 세대라도 마가렛 파웰은 진과 달리 「격렬한 유희가 활력소」는 아니었던 것 같다. 어느 런던의 가정에서 일했을 때, 결국 2년 동안 거의 관광을 간 적이 없었다. 책을 좋아했던 그녀는 디킨스Charles Dickens나 칼라일Thomas Carlyle, 웰스Herbert George Wells 등 문호들의 집에서 일할 수 있다면 얼마나 멋진 일일까 하며 기대했을 정도였다고 한다. 하지만….

「항상, 너무나도 피곤했다. 단 영화관에는 가고 싶었다. 암흑 속에 앉아있으면 내가 어떤 옷을 입고 있는지 아무도 신경 쓰지 않으니까.」

🌾 한껏 차려입고 사진을 찍은 「펫워스 하우스」의 하우스 메이드. 자매가 똑같은 디자인
의 외출복을 입고 있다. 1899년 촬영.

한껏 멋을 부리고, 1년에 한 번 고향으로 내려가다

복장이 신경 쓰이는 장소라고 한다면, 이성과 함께 있을 때일 것이다. 하지만 메이드들에게 무척 중요한 상황이 또 한 가지 있었다. 그것은 1년에 한 번, 고향으로 놀아가는 날이었다. 한껏 치장하고 멋을 부린 자신의 모습을 가족과 이웃들에게 보여주는 것이다. 남부 웨일스의 한구석에서는 스무 형제의 막내가 런던에서 돌아오는 언니들에 대한 동경을 품고 있었다.

「언니들은 집을 나가 사용인으로 일했는데, 휴가 때는 근무지에서 돌아왔습니다. 호화로운 복장에 그밖에도 많은 액세서리를 몸에 달고서 말이죠. 네, 맞아요 그래서 저도 집을 나갈 거라고. 그리고 절대 고향의 광부랑은 결혼하지 않을 거라고 결심했습니다.」

화려한 세계로 들어간 그녀들은, 주변 사람들에서 선망의 눈빛을 받아 콧대가 하늘을 찔렀을 것이다. 하지만, 어린 여동생에게 다정하게 대하는 것은 결코 잊지 않고 있었다. 19세기 후반, 옥스퍼드셔에서 살았던 플로라 톰슨은 귀성 중에 친구가 입었던 멋진 새 드레스에 대해 이렇게 썼다. 그것은 회청색의 캐시미어 옷감으로 흰색 레이스 옷깃과 커프스가 달려 있어서 근방에서도 평이 아주 좋았다.

「펫워스 하우스」의 런드리 메이드, 메리 브리지스. 1894년 촬영. 커다란 하프 슬리브에 테일러드슈트 차림으로, 꽤나 패셔너블하다.

「'어머, 클램. 그 드레스 정말 예쁘잖아.'라고 로라가 말하자, 그녀는 퉁명스럽게 '마음에도 없는 말은 안 해도 돼. 이건 여동생 셀리에게 줄 거야. 그 아인 가진 게 아무것도 없으니까. 내가 어떤 옷을 입고 돌아가는지 다른 사람들에게는 상관없어. 보여서 곤란한 사람도 없고. 괜찮아.' 라고 대답한 것이었다. 실제로 클렘이 휴가를 끝내고 돌아올 때 입었던 것은 두 번째 외출복인 남색 서지 드레스로, 다음 일요일에는 셀리가 그 멋진 회청색 드레스를 입고 교회에 나타난 것이었다.」

보통의 휴일은 「오프off」라 하지만, 연차 휴가는 「홀리데이Holiday」라고 불렀다. 무급이 원칙이며 기간은 1주일 내지는 2주일. 쉬는 기간은 각기 달랐지만, 하우스 메이드라면 새해부터 부활절 사이에 실시했던「봄 대청소」를 끝낸 다음이 많았다. 또한, 사교 시즌이 끝난 여름에 교대로 휴가를 주는 집도 있었다. 어찌 되었든, 모든 것은 고용주 일가의 이동 스케줄에 맞추어 결정되었다. 메이드의 사정은 그 다음이었다.

크리스마스와 사용인 무도회

　현대의 젊은이들에게는 크리스마스가 연인들끼리 보내는 날처럼 인식되고 있으나, 원래 유럽과 미국에서는 가족이 모여 보내는 단란한 계절이다. 프라이드치킨이 아닌, 칠면조나 거위 로스트.

🍂 대량의 건과일과 견과류, 소의 지방, 밀가루 등을 섞어서 찐 농후한 크리스마스 푸딩. 브랜디를 끼얹고 불을 붙여 서빙한다.「걸즈 온 페이퍼」1881년 크리스마스 호.

§ 크리스마스트리를 장식하는 관습은 독일 태생인 빅토리아여왕의 부군인 알버트가 1840년에 영국에 도입한 것이다. 상류 가정에 보급되어 일반 서민가정으로 퍼진 것은 1860년~70년대부터. 그래서 디킨스의 『크리스마스 캐롤』에는 아직 등장하지 않는다. 『걸즈 온 페이퍼』 1881년 크리스마스 호 게재.

딸기 케이크가 아닌, 크리스마스 푸딩. 따뜻한 술, 난로의 불꽃, 그리고 선물까지. 찰스 디킨스의 『크리스마스 캐롤』(1843년)에 의해 이러한 풍경은 세계적으로 길이 남는 것이 되었다. 주인공인 구두쇠 스크루지 밑에서 서기로 일하는 밥 크래칫은 아내와 여섯 명의 아이들이 있는데도 주급 15실링의 낮은 급료로 일하고 있다. 아이들 중 장녀인 마사는 이미 부인들 모자를 만드는 가게의 견습생으로 일하고 있다. 전날 밤에도 당일이 아침에도 일에 쫓기고 있었지만, 다행히 크리스마스 디너에는 늦지 않게 도착해서 가족과 기쁨을 나눈다.

하지만 대다수의 메이드들에게 있어, 이러한 풍경은 이룰 수 없는 꿈이었을 것이다. 크리스마스를 맞아 「가족의 단란함」을 느끼고 이를 즐길 수 있는 것은 어디까지나 「계단 위의 가족」들이었으며 가사 사용인들은 여기에 해당되지 않았기 때문이다. 1900년대, 사우샘프턴의 유복한 중류 가정의 딸인 스틸 부인(이디스 멜빌Edith Melville)

은 크리스마스를 이렇게 기억하고 있다.

> 「메이드들은 크리스마스 때 고향으로 돌아가지 못했습니다. 그 대신 허락된 거창한 특권이라면 응접실로 초대되어 '실내 유희parlor game'을 보는 것이었죠. 물론 참가는 할 수 없었고요! 등받이가 일자로 쭉 뻗은 의자에 앉아 상당히 불편해하던 그녀들의 모습이 지금도 눈에 선합니다.」

사용인 중에서도 최상층, 귀족이나 지주의 대저택에서는 상황이 크게 달랐다. 상류계층의 위신을 건 맛난 음식이나 선물이 메이드들에게도 주어졌기 때문이다. 배스 후작의 본거지인 롱릿 하우스에서는 크리스마스 당일에 사용인을 위해 무도회가 열렸다. 후작은 가정부와 후작 부인은 저택관리인과 커플이 되어 선두에 서서 첫 곡을 추는 것이 항례로, 메이드들도 돌이 깔린 중앙정원에서 즐

《 주인 가족의 넓은 아량으로 열린 사용인들의 무도회. 제복을 입은 채로 참가한 풋맨과 메이드들의 모습이 보인다.

겹게 춤췄다.

포틀랜드Portland 공작의 웰벡 애비Welbeck Abbey에서는 사용인의 무도회는 십이야크리스마스로부터 12일이 지난 1월 6일을 말하며, 구세주가 나타나신 것을 축하하는 축일로, 크리스마스 축제 기간의 마지막 날, 동관 명물의 지하 무도회장에서 열렸다. 사용인 전원, 영지의 임차인과 그 가족을 포함해서 참가자는 1,200명이나 되었다고 한다. 50명의 웨이터를 임시로 부른 덕분에

🥀 크리스마스의 겨우살이 장식 아래에서는 누구나 키스해도 된다는 풍습이 있다. 메이드가 동료 풋맨에게… 1905년 소인이 찍힌 엽서.

스태프는 일에서 해방되었다. 풋맨인 프레데릭 고스트가 말하길 다들 댄스용 의상을 멋지게 차려 입었고, 수석 하우스 메이드는 벨벳 드레스, 가정부는 가슴이 깊게 파인 파란색 새틴 드레스차림이었다고 한다.

「주위를 둘러볼 때마다 내 눈에는 다들 이 밤에 각자의 새로운 개성과 명랑함을 소에 넣은 것처럼 보였다. 게다가 신기하게

도 우리는 서로의 다른 면을 보게 되었다―즉, 사용인이 아닌,
한 사람으로서의 얼굴을.」

공작 부부는 시작할 때는 참가하지만, 12시가 지나면 자리를 비
켜주었고, 연회는 심야까지 이어졌다. 새벽이 다가오면, 「신데렐
라들은 모두 다시 일해야 하는 날이 시작되었음을 깨달았고, 1년
중 가장 자극적인 파티는 조속히 끝을 알렸다」고 한다. 공작 부부
는 관대하게도 그 후, 친구들의 집을 방문하는 식으로 일주일 정도
집을 비워, 프레데릭 및 다른 사용인들이 정신을 가다듬고 본래의
일상으로 돌아올 시간을 주었다고 한다.

박싱 데이 Boxing Day

1910년대, 켄트 지방의 목사관에서는 공작 가문이나 후작 가문
에서는 사용인들에게 조금 더 온당한 대접을 베풀었다. 퍼니 울거
는 연인이었던 정원사 윌리가 가지고 온 호랑가시나무나 담쟁이
넝쿨을 계단 위의 홀에 장식하고 남은 나뭇잎으로 사용인 홀을 장
식했다. 점심때는 칠면조 로스트, 크리스마스 푸딩, 민스파이, 과
일이나 견과류 등의 맛있는 음식들. 그리고 12실링의 보너스를 받
았다. 그 후에는 계단 위의 만찬회와 그 대량의 설거지로 눈코 뜰
새 없이 바쁘다. 그러한 메이드들에게 자그마한 오락이 제공되는
것은 다음 날의 「박싱데이」였다. 매년 마술사를 부르는데, 정장 차

🌸 1914년 겨울에 「브로즈워스 홀」에서 촬영한 사진. 중앙의 남성이 집사. 왼쪽에서 두 번째가 요리사. 가정부는 어째서인지 개를 안고 눈투성이인 채로 주저앉아 있는데, 혹시 눈싸움이라도 한 걸까?

림의 주인부부와 그의 친구들과 사용인까지 모두 다 함께 즐기는 날이었다.

「박싱 데이」는 크리스마스 다음 날, 그날이 일요일이라면 그 다음 월요일로 정해져 있는 영국문화권의 휴일이다. 기원은 교회의 기부 상자를 여는 날이었다는 설, 집배원이나 납품업자에게 선물(크리스마스 박스)을 주는 관습에서 비롯되었다는 설 등이 있다.

퍼니가 일했던 목사관으로 다시 돌아가보면, 사용인을 위한 정식 크리스마스 파티는 매년 1월 중에 열렸다. 이날만큼은 주인 부부가 자신들의 용무를 전부 스스로 처리하며 메이드들이 마음 편하게 즐길 수 있도록 배려해주었다. 또한 집 밖에서 일하는 정원사 부부와 수습생인 젊은 남자아이들도 초대되었다.

퍼니가 일하기 전에 한 사건이 있었다. 월리가 파티에 갑자기 「젊은 아가씨」를 데리고 온 것이었다. 무척이나 내성적이고 낯을 가리는 「그녀」를 그 자리에 있던 아무도 몰랐고, 그는 실컷 놀림을 받았다. 파티가 끝날 무렵 비밀이 폭로되었다. 「아가씨」의 정체는 정원사 수습 중 한 명인 프레드라는 이름의 소년이었던 것이다. 장난을 치기 위해서 가발과 의상까지 빌려온 월리는 갈채를 받았고, 이 이야기는 사용인의 파티가 열릴 때마다 입에 오르내리는 전설이 되었다고 한다.

사용인들의 댄스파티를 1년에 한 번이 아닌 빈번히 여는 호쾌한 주인도 있었다. 주인의 생일, 결혼식, 결혼기념일, 아이의 성인식 등, 행사에 맞추어 계단 위뿐만 아니라 계단 아래에서도 무도회를 여는 경우도 있었다. 체서 주의 저택

아이의 성장. 체셔의 저택 「라임 파크」에서 있었던 남작 아들의 성인식 파티, 1910년. 당시의 일반적인 성인식 연령은 21세. 화톳불을 피우고 영민들에게 맥주를 돌렸다.

「라임 파크」의 크리켓팀에서 활약하는 수석 정원사인 프레드릭 깁슨. 주인들도 포함된 팀에서 플레이했다.

인 라임 파크에서는 클럽 룸을 만들어서 댄스나 탁구, 다트 등의 유희를 즐길 수 있었다. 또, 주인인 뉴턴 경은 크리켓을 정말 좋아해서 정원사를 모집할 때 「크리켓을 할 수 있는 사람을 희망함」이라고 한 줄을 더 써넣었다고 한다. 사용인 홀에 낡은 피아노를 설치하거나, 비치나 옛 명소에서 피크닉을 여는 집도 있었다.

제법 호사스러운 사용인 무도회나 오락은 고용주의 노림수대로 스태프의 충성심을 다지고 평소에 열심히 일할 수 있도록 힘을 불어 넣어주었다. 경우에 따라서는 이렇게 베풀어진 호사에 너무 익숙해져서 집을 그리워하는 마음이 사라질 정도였다. 물론 모든 저택에서 이렇게 호사를 베푸는 것은 무리였겠지만 19세기 후반에서 20세기 초에 이르러서는 사용인을 구하기가 쉽지 않게 되면서 좋은 인재를 모으기 위해서라도 고용주들은 사용인의 복리후생에 신경을 쓰게 되었다.

만들어내는 즐거움, 갖가지 장난

주인이 제공하는 오락은 고상해서 지나치게 흥이 날 여유가 별로 없었다. 자발적으로 시작하는 동료들과의 장난기 어린 전투나 살짝 규칙을 위반하는 쪽이 어쩌면 더 재미있었는지도 모르겠다.

1900년대 중반에 아일랜드의 저택에서 풋맨으로 일한 조지 슬링스비는 동료에게 수영을 배우기로 했다. 수영복이 없어서 약간 떨어진 강까지 가서 알몸으로 물속에 들어갔다. 하지만 뭍으로 올

라왔을 때, 수건 한 장만 남기고 벗어두었던 옷이 전부 사라지고
만 것이었다. 도둑맞았던 것이다! 나뭇가지로 앞과 뒤를 가리고 5
킬로미터나 되는 거리를 고생하며 돌아가, 죽을 각오로 정원의 덤
불을 통과해서 뒤 계단을 달려 올라가자―도둑맞았다고 생각했던
옷이 계단 위에 쌓여 있었다. 그 옆에는 두 명의 너스 메이드가 배
를 잡고 웃고 있었다. 아이들을 데리고 외출했었던 그녀들이 그의
옷을 우연히 발견하고 가지고 갔던 것이었다. 지나고 생각해보니
자신도 그냥 장난으로 웃고 넘겼으면 되는 건데, 그 당시 아직 열
두 살도 되지 않았던 조지는 메이드들이 자신을 놀린 것이 너무나
도 불쾌했던 모양이다.

🎵 (왼쪽)손으로 돌리는 것에서 스프링 모터식으로 개량된 축음기. 나팔꽃 형 스피커로 15
파운드. 「해군육군스토어」 카탈로그, 1907년.
🎵 (오른쪽)「이 기계, 주인님의 설교랑 똑같이 말해요.」 1877년, 목소리 녹음 재생기 「포노
그래프」가 발명되어 화제가 되었다. 하지만 에디슨의 원통식은 1887년에 발명된 에밀
베를리너의 원반식 「그라모폰」에 밀려나고 말았다. 「펀치」 1878년 4월 6일 게재.

재치 있는 풋맨도 지지 않는다. 1930년대, 스코틀랜드의 저택 맨더스턴에서 하우스 메이드로 일했던 베티 위니는 풋맨들이 시트 사이에 타피오카를 넣어두는 바람에 혼쭐이 났다고 한다. 그것들을 다 제거하는 일은 소름이 돋을 정도로 귀찮았다고. 수석 하우스 메이드로 승진했을 때는 베개에 밀가루가 들어 있는 것도 모른 채 잠이 들었다가 다음 날 아침에 머리가 하얗게 변해 있었다. 「휴일은 거의 없었지만, 즐거움은 우리 스스로 만들었었죠」라고 그리운 듯 말했다.

일을 할 때도 유쾌한 것을 찾았다. 1920년에 북웨일스 저택 어딕에서 일했던 매기 윌리엄스는 동료들과 함께 「봄 대청소」를 하

「히스·마스터스·보이스」 주인님의 목소리에 귀를 기울이는 개의 유명한 도안에 사용인들도 참가. 축음기회사의 광고, 1905년경.

고 있을 때, 잡동사니를 놔두는 창고로 변한 다락방에서 트렁크 하나를 발견했다. 열어보니 유행이 지난 옷들이 들어 있었다.

「그중에 무척 예쁜 드레스 한 벌이 있었습니다. 연보라색의 실크 태피터 옷감으로, 양의 다리 모양Gigot 소매였습니다. 우리는 돌아가며 한 번씩 다 입어보았는데, 사이즈가 맞는 건 저뿐이었죠. 그래서 지하에 있는 요리사에게 보여주려고 모자를 뒤집어쓰고 파라솔을 들고 계단을 내려갔습니다. 하지만 가장 아래쪽에 도착했을 때, 마침 모퉁이를 돌아오는 필 도련님과 딱 마주치고 만 것입니다.」

여기서 말하는 「필 도련님」은 주인의 차남인 필립 요크Philip Yorke로, 이때는 아마 15세 정도였을 것이다.

「필 도련님은 멈추어 서서 저를 바라보더니 아주 정중하게 인사를 하셨기에 저도 무릎을 구부리며 인사를 하고서 재빨리 위로 도망치고 말았습니다. 필 도련님은 예정에 없던 귀가를 하신 모양이었습니다. 그래서 요리사는 제가 드레스를 입은 모습을 볼 수 없었습니다. 필 도련님은 그 드레스를 아일랜드로 가지고 가서 어딘가에서 잃어버리셨습니다.」

「필 도련님」은 연극을 좋아해서 훗날 1930년대에는 극단을 결성

※ 밀짚으로 메이드를 간지럽혀서 관심을 끌려는 허드렛일을 하는 소년. 일하는 중에 웃음을 짓게 만드는 한 장면.

하여 아일랜드 순회공연도 다녔기에 연보라색 드레스는 무대 의상으로 사용했을지도 모른다. 그리고 대대로 사용인과 사이가 좋았던 요크 가家의 피는 확실히 이어지고 있었다. 필립 요크 씨는 독신으로 노령을 맞았고 어덕 저택을 형에게 상속받은 후에도 원래 있던 사용인들과 친밀한 교류를 이어갔다고 한다.

　매기와 필 도련님의 「신사 숙녀 놀이」에서 반세기 전, 제너럴 서번트인 한나 컬윅도 동료 리지와 함께 「레이디와 메이드 놀이」에 흠뻑 빠져 있었다. 팔러 메이드인 리즈가 창문에서 레이디들을 올려다보며 「내가 레이디가 된다면 저런 고급스러운 옷을 입어보고 싶어」라고 말했다. 사용인으로 사는 삶이 만족스러웠던 한나는 동의할 수 없었다. 하지만 「만약 네가 레이디면 어떻게 행동할지 한번 해보자. 내가 리즈의 집에 일하러 온 사용인 역할을 할 테니까」라고 완전히 그 역할에 몰입해서 놀이를 시작한 것이다. 리즈가 한나에게 「키친을 희망한다고?」 「요리는 잘해?」

「아래로 가져가서 풋맨에게 브러싱을 해달라고 해, 이거. 하지만 오늘 아침에는 이미 늦었으니까 위로 가지고 가서 살짝 터는 걸로 끝내지 뭐.」 휴식은 스스로 만드는 것. 「펀치」 1871년 12월 9일 게재.

「전직은?」「소개장은?」이라는 질문을 하면서 일반적인 면접 절차를 밟아나갔다.

　「급료는 16파운드가 딱 적당하다고 생각합니다, 마님」이라고 한나가 말했다.
　「어머, 그래? 난 요리사에게는 20파운드를 주고 있어. 넌 그렇게 실력이 좋아 보이진 않으니 그 이상은 주지 않아도 되겠지? 그럼 이만 실례」라고 리즈가 대답했다.
　「감사합니다. 안녕히 계세요, 마님.」

　이번엔 반대로 한나가 레이디 역할을 해보는 등, 실컷 즐기고 난 후, 다른 동료가 들어왔을 때 놀이는 끝이 났다. 이 모든 것이 근무 시간 중에 잠깐씩 즐기던 작은 휴식이었다.

바느질, 뜨개질, 독서

　이런 놀이를 할 수 있는 상대가 없다면, 대부분의 사람은 꽤나 쓸쓸함을 느꼈을 테지만, 혼자 일하는 직장이 더 좋다는 사람도 있었다. 메이드들이 일하는 중간에 혼자 할 수 있는 기분전환이라고 한다면, 바느질, 뜨개질, 독서를 들 수 있다. 키친에 책장을 두고 읽도록 하고 싶은 요리책, 실용서, 도움이 되는 계몽서 등을 넣어 두는 여주인도 있었다.

1928년, 위니프레드 폴리는 14세 때 코츠월즈의 노부인 집에서 제너럴 메이드로 일하기 시작했다. 다락방에서 우연히 찾아낸 책을 읽고 싶었지만 그럴 시간이 전혀 없어서 키친의 찬장에 숨겨두었다. 일을 적당히 끝내고서 선반에 얼굴을 처박고 몰래 읽었다. 어느 날 독서에 열중한 나머지 마님이 가까이 온 것을 모르고 있다가 지팡이로 엉덩이를 맞고 말았다. 참지 못하고 선반에 엎드려 눈물을 흘리는 위니프레드. 여주인은 놀라서 자신이 한 행동을 깊이 후회한 모양이었다. 하지만 그녀가 울었던 이유는 단지 그때 읽고 있던 『톰 아저씨의 오두막집』의 전개에 마음이 슬퍼졌던 것뿐이었다.

세상으로부터 동떨어진 전원 코츠월즈에는 아름다운 자연 이외에는 여주인이 읽고 버린 책 정도밖에는 자극이 없었던 걸지도 모

❦ 패션잡지를 보고 있는 하우스 메이드(왼쪽)와 뜨개질을 하고 있는 요리사(오른쪽). 하지만 불 위에 올린 고기는 점점 타들어만 가는데…. 『펀치』, 1853년 4월 16일 게재.

「유모차를 밀면서 책을 읽는 건 아니겠지?」
「제가요? 그런 건 생각해본 적도 없어요!」
하지만 아이들은 가까이에 있는 어른을 흉내 내기 마련… 『펀치』 1871년 5월 6일 게재.

른다. 하지만 런던에는 좀 더 다양한 오락거리가 있었다. 영화와
나란히 메이드들에게 잠시나마 휴식을 주는 것은 연애소설이었다.

　「휴일에는 가장 가까운 영화관에 가고, 그 후에 헌책방에서
　로맨스소설을 왕창 사 왔습니다. 그렇게 하면 체력을 상당히 절
　약할 수 있습니다. 하지만 만약에 꿈만 같이 멋진 남성이 제 눈
　앞에 나타난다고 해도 어떻게 해볼 힘은 없었을 거라고 생각했
　습니다.」

※ 아이가 위험하다!
「걱정 마세요, 마님. 이 아이는 조금도 독서를 방해하지 않으니까요.」 살인이나 연애가
가득한 선정소설Sensation Novel이 대 유행. 『펀치』 1881년 3월 19일 게재.

「로맨스 소설」에 열중하다

현실주의자 마가렛 파웰도 애독했던 로맨스 소설, 이것은 19세
기 후반부터 대량으로 출판되기 시작한, 대중을 타깃으로 한 문자
미디어 중 하나였다. 시선을 잡아끄는 일러스트가 표지를 장식하
고, 길이가 짧은 연재소설을 몇 개 실어서 잡지 형식을 띤 것이 많
았는데, 기품 있는 가족이 읽는 『일러스트레이티드 런던 뉴스The Il-
lustrated London News』, 『더 그래픽The Graphic』은 한 부에 6펜스나 했지
만, 노동자계급의 여성을 대상으로 한 로맨스는 1페니나 반 페니

청소를 뒷전으로 미루고 소설을 몰래 읽는다. 아주 작은 일이 심각한 「타락」으로 이어진다…… 라는 교훈 이야기. 『제니의 첫 직장, 혹은 인생의 교훈』 리워드 북, 1881년.

가격도 장정도 내용도 싸구려인 선정소설은 「페니 드레드풀」이라고 불리며 건전한 사고방식을 가진 사람들에게 미움을 샀다. 잡지기사 「작금의 메이드」에서. 『카셀 패밀리 매거진』, 1894년 게재.

였다. 페이지도 적고 인쇄된 종이도 약간 싸구려였지만, 돈이 없는 소녀들이 손에 넣기 쉬웠다.

19세기 말 널리 읽혔던 것은 『프린세스 · 노블레트』, 『스위트 하트』 등의 달콤한 단어를 잡지명으로 내세운 것으로, 내용도 그에 걸맞게 상당히 '스위트'했다. 예를 들면 1886년의 『키티, 어느 정원의 시』는 시골의 메이드가 여주인의 아들과 사랑에 빠져, 백작 부인이 된다는 이야기. 1894년의 『상류의 연인들』은 사냥터지기의 딸이 런던의 하이드 파크Hyde Park에서 개에게 쫓겨 도망치던 중 말에 치일 뻔했을 때 만난 무척 잘생긴 신사가 알고 보니 공작이었는데… 라는 신분이 다른 남녀의 러브스토리다.

이런 내용의 로맨스소설은 나이가 꽉 찬 아들이나 바람기가 있는 남편을 가진 부인들에게는 특히 용서할 수 없는 내용이었을 것이다.

그렇다면 좀 더 고상한 책이었다면 환영받았을까? 꼭 그렇다고는 말할 수 없다. 번듯한 저택에는 도서실이 있기 마련인데, 장서의 양이나 질은 그림이나 가구와 마찬가지로 신분을 상징하는 것이었다. 마가렛 파웰은 로맨스소설만큼이나 주류 문학도 좋아해서 디킨스나 콘래드Jozef Konrad나 오 헨리O·Henry등도 읽었다. 어느 귀족 집에서 일했을 때, 계단 위의 도서실에 있는 책을 빌려도 되는지 허락을 구한 적이 있다. 그러자 부인은 살짝 놀라며 이렇게 말한 것이다.

「응, 물론 상관없단다, 마가렛. 그런데 네가 책을 읽을 수 있다니, 놀랐는 걸?」

❧ (왼쪽)「스위트 하트」에 실린「상류의 연인들, 혹은 노라 플린은 어떻게 공작부인이 되었을까」. 이것도 신분의 벽을 뛰어넘는 로맨스.
❧ (가운데)「사랑, 구애, 그리고 로맨스」가 게재된「영국 여자를 위한 스토리 페이퍼」라는 슬로건을 내건「스위트 하트」. 미의 비결, 연인들을 위한 어드바이스 기사도 게재. 1898년.
❧ (오른쪽)연재 소설지「프린세스 · 노블레트」1페니. 신분이 다른 사람들의 사랑 이야기「키티, 어느 전원시」1886년 게재.

그녀는 마가렛이 일했던 곳 중에서 누구보다도 월등히 성격이 좋고, 스태프 한 명 한 명에게 신경을 써주는 모습에서 「이것이 진짜 귀족인가?」하는 느낌도 받았었다. 하지만 아무리 좋은 여주인이라고 해도 메이드들의 영혼의 양식에는 결국 관심이 없었던 것이다. 쉬는 시간에는 아무것도 하지 않고 멍 하니 앉아있거나, 저속한 로맨스소설 잡지를 「훑어보는」 정도라서, 자신들과 똑같은 책을 읽고 싶다는 메이드가 있다는 것을 마님들은 미처 생각지 못한 것이 아니었을까. 마가렛은 이렇게 생각하며 쓴 웃음을 지었다.

어쨌든, 메이드들이 실용서나 종교 서적 이외의 책을 읽는 것을 마님들은 그다지 좋게 생각하지는 않았던 것 같다. 「만약」의 세계를 탐험하면서 망상을 키우는 것이 이윽고 어떤 결과로 이어질 것인가. 지금과는 다른 세계를 상상하는 힘이 「신이 주신 질서」를 언젠가 전복시킬지도 모른다. 고용주들은 그렇게 느끼고 있었던 걸지도 모른다.

❦ 우편물이 도착했는데 마님에게는 편지뿐. 메이드인 메리는 그림이 들어간 패션지 등의 읽을거리를 정기구독하고 있는 듯하다. 「펀치」, 1861년 11월 23일 게재.

제9장
메이드의 연인

보이프렌드는 「팔로워Follower」라고 불렸다

마가렛 파웰은 런던의 키친에서 일했던 20세기 초반의 연애 사정을 매우 불쾌한 추억으로 회상했다.

도로에서 지하의 키친을 비추는. 경관의 회중램프Bulls eye가 「나의 혜성」. 무척이나 밝은 「도나티 혜성Donatis Comet」이 관측된 직후의 만화. 「펀치」. 1858년 11월 6일 게재.

「(메이드가)젊은 남자를 자신의 것으로 만드는 것은 그다지 자랑거리가 되지 못했다.」 고용주는 하여튼 우리의 연애를 저지하려고 했다. 미래의 남편을 구스베리의 나무 아래서 주울 수 있다고 생각하는 걸까?」

구스베리 나무 아래서 라는 말은 「아기는 어디서 오는 거야?」라는 아이들의 질문에 대답할 때 「황새」나 「양배추밭」에 해당하는 문구다.

「아가씨들은 사교계에 데뷔한 다음, 무도회에서 젊

은 남자를 만나, 춤을 추고, 사적인 파티에도 나가는데, 메이드가 보이프렌드를 만들면 그는 '팔로워'라고 불리게 된다. 나는 이것을 멸시의 말이라고 생각한다. 좋아하는 남성과 만나기 위해서 뒷문으로 몰래 몰래 나가는 사람들이 연상된다. 백주에 당당하게 만나면 안 되는 상대처럼. 어째서 그렇게 하지 않으면 안 되는 것이었을까. 자신의 딸을 남자와 맺어주기 위해서는 바지런히 물밑작전을 세우는 주제에 사용인이 사랑을 하는 것이 뭐가 나쁘다는 걸까」

❦ 타운하우스 끝에서 무효모빵 aerated bread 배달부와 농지거리를 하는 중. 『펀치』 1869년 1월 16일.

메이드의 남자친구는 「해충」?

확실히 여주인들은 메이드에게 연인이 생기는 것이 싫어서 메이드의 보이프렌드를 「팔로워」라고 불렀다. 여기에서의 팔로워는 「구애」를 의미하지만, 어딘지 모르게 「해충」이라고 말하는 뉘앙스도 풍긴다. 아가씨들이 목을 빼고 오매불망 기다리는 상대는 「구혼자Star」, 「연인Lover」, 어쩌면 「숭배Admirer」라고 로맨틱하게 불렀을

지도 모르는데, 똑같은 남자라도계급이 다르면 급이 다른 사람처럼 취급받았던 것이다.

마님들의 암호는 「노 팔로워즈」였다. 이렇게 공언하는 집에서 남자친구에게 음식을 대접하거나 모자에 숨긴 꽃을 받으면 해고될 가능성이 있었다. 그렇다고는 해도 빅토리아시대 후기의 잡지 기사나 실용서를 비교해보면 그 제한의 강도는 제각각이었던 것 같기도 하다.

1880년에 발간된『사용인의 실용적인 가이드』에서는「관리에 빈틈이 없는 집에서는 남자 친구, 즉 '팔로워'의 방문을 엄격하게 금지했다. (중략) 규모가 큰 집에서는 절대 인정하지 않았으나, 작은

「팔로워」는 금지라고 했잖아. 넌, 우리 집에 온 지 아직 1주일도 되지 않았으면서.」
「분명히 예전에 있던 요리사가 두고 간 걸 거예요!」『펀치』, 1871년 9월 16일 게재.

집에서는 하나의 권리로 인정해서 허용했다. 이것을 막으려는 것은 여주인에게 끊임없이 벌어지는 불쾌한 일의 씨앗이 된다」고 했다. 같은 해에 발매된 『카셀의 가사 가이드』는 「극히 드문 예를 제외하고, 이 권리는 허락하지 않는 것이 좋다. '팔로워'라는 말의 의미는 폭이 넓어서 허용 가능한 방문자와 그렇지 않은 자를 나누는

🖋 마님은 구두쇠라 요금이 아까워서 가스를 끊어버리고, 양초도 주지 않는다. 하지만 남자친구의 회중램프가 있다면 문제없다. 『펀』, 1872년경.

것이 어렵기 때문에 키친의 방문자는 명확하게 허가를 받은 경우 이외에는 금지하는 것기 나중에 귀찮은 일을 피하는 데 도움이 된다」라고 권했다.

또한 그 1년 전에 출판된 『디킨스의 런던 사전』(소설가 찰스 디킨스의 아들이 씀)에서는 「상당히 많은 고용주가 「노 팔로워스」의 엄격한 룰을 적용하려고 하는데 이것은 큰 잘못이다. 주인들이 원하든 원하지 않든 메이드들은 남성들과 사귀었고 앞으로도 그럴 것이다」라며 살짝 포기한 듯한 태도를 보인다. 차라리 「이 사실과 먼저 마주하고」, 사전에 상대의 신원을 확인해서 정해진 시간에 면회를 허락하는 것이 「현명한 판단」이라는 것이다.

같은 시기에 서점에 늘어선, 비슷한 내용의 세 권에서 메이드의 행동을 통제하고 싶은 마님의 희망과 실제로는 그렇게 되기 어려운 현실 간의 괴리가 느껴진다. 중류 가정의 키친에서 일했던 마가렛은 이렇게 회상했다.

「'혹시 좋아하는 남성이 있다면, 일이 끝난 후에 사용인 홀에 초대해도 괜찮아.'라고 마님이 말씀하실 지도 모르지만, 그런 건 거짓말이다. 편지를 부치러 나가든지, 구실을 만들어 현관 앞 계단에 몰래 올라가 길모퉁이에서 만나지 않으면 안 된다. 야간에 데이트를 하고 돌아왔을 때는 계단 위의 어딘가나, 잠시 들어오라고 해서 잘 자라는 인사를 하는 것도 불가능했다.」

※ 두 여성을 안고 있는 해군 병사. 왼쪽에 있는 메이드의 짧은 스커트 아래로 세련된 줄무늬 양말이 엿보인다. 유머 엽서, 1915년.

좀 더 상류층이 사는 저택에서는 어떠했을까. 『실용적 가이드』에서 마치 대규모 집에서는 엄격한 관리 체제가 성공한 것처럼 적고 있는 것은 가정부 등의 상급 사용인이 사이에 있는 덕분에 메이드의 「미덕」이 지켜지고 있는 것처럼 보였기 때문일 것이다. 칼라일 백작 부인의 수석 하우스 메이드는 자신이 감독하는 메이드들이 생리대를 매달 세탁하고 있는지 체크했다. 임신할 만한 행동을 하고 있는지 감시한 것이다.

스태프의 직장 연애

설령 외부에서 들어온 팔로워를 저지하는 데 성공했다고 해도, 마님들이 좋게 생각하지 않는 구애 행동이 저택 내부에서 일어난다면 막는 것은 사실상 불가능했다. 제1장에서 말했듯, 남녀 사용인은 섞이지 않도록 숙소부터 식탁에서의 자리 배치까지 주의 깊게 나누어져 있었다. 그럼에도 불구하고 직장 내에서의 연애는 너무나도 흔히 일어나는 일이었다.

물론, 그것이 반드시 대등한 연애라고는 단정할 수 없었다. 상급

☀ 메이드가 들어온 순간. 소파에서 이야기를 나누던 신사와 숙녀가 멀리 떨어져 앉는다. 하지만 신사의 수염에는 숙녀의 귀걸이가…. 「계단 위」에서도 보는 사람이 없을 때는 이쪽 나름의 「연애사업」이 진행되었던 모양이다. 『펀치』 1871년 8월 19일 게재.

❧ 메이드 동료들과 정원에서 일하는 남자들과 개와 함께 즐거운 한때를. 엽서, 아마 1930년경.

사용인이 하급 메이드에게 행하는 직장 내 성희롱-Sexual harassment 은 결코 적지 않았던 모양이기 때문이다. 1930년경, 베티 위니가 스코틀랜드의 맨더스턴에서 청소를 하고 있을 때, 집사가 방으로 들어와 그녀를 덮쳤다. 「브러시로 얼굴을 때려줬더니 볼에서 피가 나왔어요. 하지만 그는 수염을 깎다가 베인 것처럼 행동하더군요」 베티는 마치 웃긴 이야기라는 듯 회상했지만, 당시에는 아무에게 도 상담하지 못했다고 한다.

만약 그녀가 목소리를 높였다 하더라도 결과는 별반 다를 게 없 었을지도 모른다. 방정하지 못한 품행이 발각되면 해고되는 것은 여성 쪽이었기 때문이다. 노섬벌랜드의 헤슬리사이드홀에서 1859 년부터 일했던 잉클리라는 이름의 집사는 몇 명이나 되는 메이드 와 관계를 맺었다. 그중 한 명은 해고를 당했고, 한 명은 임신해서 떠나고, 또 다른 한 명은 그를 너무 사랑한 나머지 목을 매달려고 하다가 쫓겨났다. 게다가 또 한 명은 그와 싸운 끝에 스스로 그만 두었다. 이러한 참상을 일으켜 놓고, 「술을 마시지 않으며, 유능하게 일할 수 있는 집사를 고용하는 건 어렵다」라는 이유로 잉클리 자신은 해고되지 않았다고 한다.

물론 메이드들도 당하고 있지만은 않았으며, 오히려 자신들보다 서열이 높은 집사를 농락했다는 증언도 있다. 1913년에 링컨셔의 저택에서 제3 하우스 메이드로 일했던 여성은 이렇게 회상했다.

「집사는 계단 위의 뒤쪽 통로에서 지나칠 때마다 나에게 키스를 했습니다. 그래서 저녁 식사 후에 사용인 홀에서 모두가 왁자지껄 떠들고 있을 때, 집사가 불평하러 들어온 그때 저는 그를 웃음거리로 만들었습니다. 수석 하우스 메이드는 「집사를 웃음거리로 만들다니, 대단해」라고 말했지만, 그는 제가 비밀을 폭로할 것을 언제나 두려워하고 있었던 게 아닐까 생각합니다. 그런 짓은 하지 않았지만요.」

각종 기록을 살펴보면, 노동자계급 미혼남녀의 감각으로는 키스까지는 죄가 아닌 장난이라서 설령 진지한 교제 상대가 따로 있다고 해도 딱히 문제는 없었던 것처럼 느껴진다. 고상한 척하기로 유명한 중류계급의 마님이 메이드들의 경박함을 단죄하고 싶었던 것은 남녀관계에 관한 가치관이 계급에 따라 확연하게 달랐기 때문인지도 모른다.

고용주 가족의 유혹

　가벼운 마음으로 장난치는 것까지는 좋지만, 중대한 결과로 이어질 수 있는「그 이상」의 행위로부터 몸을 지키고 싶다면 스태프뿐만 아니라 계단 위의 사람들도 주의가 필요했다. 영국에서 가장 오래된 서간 소설이라고 말하는 사무엘 리처드슨Samuel Richardson의 『파멜라』를 비롯하여, 토머스 하디Thoma Hardy의 『테스』, 유명한 호색실록물인 『내 비밀의 생애My Secret Life』등, 활자 문학의 세계에서는「사용인을 유혹하는 주인님」을 그린 작품들이 다수 존재했다.

　하지만 현실은 어떠했는가 하면, 총체적으로 봤을 때 메이드들이 교제했던 상대는 같은 계급인 남성이 많았다. 따라서 문학에

§ 『파멜라』에서. 여장을 하고 방구석에 몰래 숨어, 메이드인 파멜라를 유혹하려는 미스터 B. 조셉 하이모어 그림. 1734~35년.

🖊 루크 파일스 작, 「구빈원 임시 숙박소의 입소 희망자들」, 1874년. 하룻밤의 잠자리와 최소한의 빵을 받기 위해 경찰서 앞에 줄을 선 모습. 품행이 단정하지 못하면 이러한 말로를 맞게 된다고 하는 교훈적 이미지를 담고 있다.

쓰인 것처럼 어느 집에서든 당연한 듯 만연한 「악덕」은 아니었던 것 같다. 그럼에도 불구하고 메이드의 회상록을 펼쳐보면 「친구의 이야기인데」, 「위험한 상황에서 도망쳤지만」이라는 어딘지 모르게 변명 같은 보충 설명과 함께 「신사」들에게 대시를 받는 이야기가 빈번히 등장한다.

1867년에 태어나 훗날 고급 호텔의 오너 겸 요리사로 주목을 받게 되는 로사 루이스Rosa Lewis는 12세부터 풀타임으로 일하기 시작해서 16세 때부터 파리의 필립 백작의 집에서 키친 메이드가 되었다. 미소녀로 평판이 자자했던 로사는 침실로 돌아가면 가구를 문 앞으로 옮겨서 바리케이드를 쳐야 했다. 어떨 때는 그리스의 왕자가 몰래 들어와 기다리고 있었다. 그녀는 자기가 낼 수 있는 최대한 큰소리로 고함을 질러, 그를 쫓아내는 데 성공했다.

원치 않은 임신, 그리고…

마가렛 파웰의 동료였던 팔러 메이드 아그네스는 예기치 못한 임신을 한 끝에 떠났다. 같이 일했던 하우스 메이드 글래디스Glad-ys는 런던의 상업가인 스테프니Stepney 출신으로 다른 두 사람보다 조금 더 낙태에 관한 지식에 해박했다.

「글래디스는 '그것'을 떼어내는 데 효과적인 페니로얄민트(허 브의 일종) 알약이나, 비첨Beecham사의 설사약, 그리고 키니네를 사 왔다. 하지만 아그네스는 반나절 동안 화장실만 들락날락하고 끝났다. 다음 지시는 뜨거운 물을 옮겨와서 반신욕을 준비하는 것. 캔에 든 머스타드를 물이 노랗게 될 때까지 몇 개고 넣는다. 이 머스타드 목욕은 분명히 효과가 있을 터였다. 아그네스가 들 어간다면 말이다. 하지만 이미 배가 너무 불러서 무리였다. 무 거운 짐을 들 수 있는 만큼 들어서 옮겼다. 휴일에는 공원에 가 서 몇 번이나 벤치로 올라가 뛰어내리기를 반복했다. 실소가 나 오는 이야기로 들릴지도 모르겠지만, 당시의 그녀들에게는 무 시무시한 일이었다. 그리고 엄청 무거운 안락의자를 들고 방 끝 에서 반대편 끝으로 옮겼다. 하지만 결국 어느 것도 효과를 보 지 못했다」

아그네스는 아이 아빠의 이름을 밝히지 않았지만, 그녀는 그 주변의 남자와 가벼운 마음으로 사귀는 아이는 아니었다. 결국, 동료들의 노력도 물거품이 되고 마님에게 알려져 해고되었는데, 한 달 분의 급료가 지급된 것을 보고 마가렛이 희미하게 느끼고 있던 의혹은 확신으로 변했다. 젊고 잘생기고 멋진 목소리를 가진, 마님의 조카가 분명했다. 출입이 금

조지 엘리엇의 소설 「애덤 비드」의 한 장면. 지주 아들에게 유혹을 당하는 데어리 메이드인 헤티 소렐. 에드워드 헨리 코볼드가 그린 수채화. 1861년.

지된 메이드의 침실로 이어진 뒤 계단에서 그를 몇 번인가 본 적이 있었다. 그리고 아그네스는 메이드에게 분에 넘치는 실크 속옷을 가지고 있었다. 분명히 그는 선물로 그녀를 유혹한 것이다.

아그네스는 무척이나 소녀스러운 감성을 지니고 있어, 셋이서 로맨스영화를 봐도 그녀만 유달리 진심으로 빠져들었다. 현실은 로맨스소설처럼 행운이 찾아오지 않는다. 시골의 메이드가 백작 부인이 되거나 사냥터지기의 딸이 공작과 맺어지는 일은 일반적으로 일일어날 수 없는 일이기 때문이다.

남자친구는 군인이나 경관?

　대부분의 메이드들은 실현 가능성이 거의 없는 상대에게 기대하지 않고, 같은 계급의 남자와 만나, 데이트를 하고 결혼했다. 하지만 이번 장의 첫 부분에서 마가렛이 말했던 것처럼 고용주의 감시와 장시간 노동의 제약이 있어서 상대를 찾아 관계를 만들기 위해서는 그 나름의 궁리와 노력이 필요했다.

　마가렛은 자신이 젊었을 때 들었던 「남자의 하트를 잡으려면, 그의 위장을 붙들어야 해」라는 어느 집사의 충고를 가슴에 새기고 있었다. 좋아하는 사람이 생기면 가능한 한 화려하게 차려입고 키친으로 불러 실력을 발휘했고, 끝내 사랑하는 남편을 손에 넣었다. 하지만 「키친으로 남자를 부르는 일」은 무허가이며 자칫하면 해고로 이어지는 중대한 규칙 위반이었다.

　공식적으로 허락된 것은 일요일에 교회에 다녀오는 것과 사용인 무도회 등의 계절 행사 때 정도였다. 그런 가운데 메이드들이 가끔 만나는 외부의 남성이라고 하면, 도시에서는 순찰 중인 경관, 가까운 병영의 군인, 물건을 가지고 오는 상인, 신문이나 우편물을 배달하는 사람 등이었다. 「경관이나 군인이나 배달부와 농지거리를 하는 경박한 메이드」의 이미지는 풍자만화나 그림엽서 속에 너무 지나치게 유포되어 어디까지가 현실을 반영한 것인지 좀 의심스러워질 정도이다. 하지만 그것은 하나의 진실이기도 했다. 그들의 수는 많고, 그녀들의 근무시간 중에 접촉이 가능했으며, (신사계급인 장교가 아닌 일반 병사라면)계급과 재산 등이 엇비슷한 젊은 남성의 대표였기 때문이다.

한나 컬윅은 같이 일했던 메이드가 「육군 병사를 보러 갔다」고 일기에 썼고, 진 레니도 동료가 심야에 해군 병사를 끌어들이는 것을 목격했다. 그녀가 어느 공작의 타운하우스에서 키친 메이드를 할 때, 팔러 메이드와 하우스 메이드 자

❦ 기차가 지나가는 시간에 맞추어 기관사인 연인에게 손수건을 흔드는 레이디스 메이드. 『카셀 패밀리 매거진』, 1892년 게재.

매는 둘 다 경관과 결혼하고 은퇴했다. 그 후에 단기로 온 팔러 메이드는 얼마 가지 않아 공작부인의 조카와 관계를 가졌다. 잘 생각해보니 침대로 자러 가는데 화장을 한 것은 이상한 이야기였다. 하지만 공작부인은 메이드의 이러한 연애 사정을 조금도 눈치채지 못했다.

수면 아래에서 진행되는 사랑

규모가 큰 시골의 저택이라면 믿음직스러운 영지의 노동자나 남의 눈을 의식하지 않고 꽃을 보내주는 정원사, 잘생기고 키도 큰 풋맨들과 말쑥한 용모의 집사 등이 연애의 대상이 되었다. 1909년

◢「어딕」의 아들 형제를 섬겼던 너스 루시 히치먼과 말을 돌보았던 어니스트 존스. 주인
에게 허락을 받고 교제했으며, 후에 결혼했다. 1911년 촬영.

출생의 집사 출신 스탠리 스웰Stenly Swell은 말한다. 「누구랄 것 없
이 다들 사용인과 결혼합니다. 왜냐하면 만나는 사람이 그들뿐이
니까요. 집사는 항상 하우스 메이드나 키친 메이드와 결혼합니다.
레이디스 메이디와 결혼하는 자들도 가끔 있습니다」 참고로 이렇
게 회고한 그는 레이디스 메이디와 결혼했다.

　1930년대에 트위니에서 하우스 메이드로 승격한 아이린 볼더슨
도 집사를 사랑한 적이 있다. 하지만 이 시대가 되어서도 교제는

「매우 신중히」 진행하지 않으면 안 되었다. 윈저Windsor 저택에서 근무했을 때의 일이다.

> 「글로브 로지Globe Logde에서 떨어진 곳에서 만날 약속을 하고 데이트가 끝난 후에는 내가 먼저 돌아가고 조지는 마을에서 한 잔 마시며 시간을 보낸 후에 돌아오곤 했습니다.」

반일 휴가 때는 둘이서 그의 어머니를 방문했는데 다정하게 맞아주었다고 한다. 하지만 이 사랑은 결국 슬픈 결말을 맞고 말았다.

사용주 측에서는 여러 가지로 규제를 했지만 컨트리 하우스의 메이드들은 이런 저런 수를 써가며 여주인의 눈을 피하고 가정부를 따돌렸다. 어느 풋맨과 수석 키친 메이드는 램프실의 깔개 아래에 메모를 숨겨 놓고 주고받았으며, 새벽 4시에 빠져나와 숲을 산책했다. 롱릿 관에 근무하던 너스 메이드와 객실접대부Groom of Chamber의 밀회 장소는 아이들 방의 세탁실이었다.

아름다운 정원도 비공식 데이트 장소였다. 퍼니 울거가 일하던 목사관의 여주인은 들꽃을 좋아해서 실내의 꽃꽂이 장식은 팔러 메이드인 그녀의 몫이었다. 꽃을 찾아 밖으로 나갈 때는「나가 있을 동안에는 전화와 현관 응대를 바꿔 달라고 하우스 메이드에게 부탁」하고서 나갔다고 한다. 그리고 고용주의 눈을 피해 짧은 시간을 찾아내어 정원사 월리와 함께 시간을 보내는 것은 큰 즐거움이었다.

한나 컬윅은 빅토리아시대 중기부터 1880년대까지 주로 제너럴
서번트로 일했는데, 주중에 정해진 휴일을 받는 일이 적었고, 휴
일이 필요할 때는 일일이 사용주에게 보고하지 않으면 안 되었다.
때문에 다른 집에 전언을 전하러 갈 때는 좋은 기회였다. 1871년 2
월 8일, 한나는 이런 방법을 통해 꽤 많은 시간을 연인인 「주인님
(먼비)」과 보냈다.

아마도 5시쯤의 「티타임」에 전언을 부탁받은 그녀는 「휴식을 따
로 신청할 필요가 없어져서 운이 좋다」고 생각했다고 하는데, 먼
저 전언을 전해야 하는 집으로 가서 메시지를 전한 후, 6시에는 연
인의 집에 도착해서 「시간이 허락하는 한 그를 섬기며 즐거운 두
시간을 보냈다. '주인님'은 페타거리의 모퉁이까지 같이 와주어 그
곳에서 키스하며 잘 자라고 말해주었다」라고 한다.

지하철을 타고 전언을 전했던 집으로 다시 갔을 때는 이미 캄캄
한 밤이었다. 상대방의 집을 방문해서 대답을 들으려고 했으나,
그곳의 사용인이 메시지를 잊어버리는 바람에 쓸데없는 수고가
더 들었다. 서둘러 돌아왔으나 도착했을 때는 이미 9시. 「혼이 날
거라고 생각했지만, 아무 말도 듣지 않았다」라고 하는데, 같은 런
던에 있는 곳에 메시지를 전하러 가는데 왕복 네 시간이라니 꽤나
긴 심부름이라는 생각이 든다.

장거리 연애의 비극

아이린 볼더슨과 집사 조지의 사랑은 한나처럼 잘 풀리지는 않았다. 그녀는 자연에 둘러싸여 일하는 컨트리 하우스에서 일하는 것이 마음에 들었지만, 연인이 런던 중심가의 고급 주택지로 옮겨 갔을 때 그를 따라 가까운 곳으로 직장을 옮겼다. 두 사람은 직장 근처를 거닐 때마다 뒤쪽의 「이튼 플레이스 뮤즈」의 차고 창문을 올려다보면서 결혼하면 저런 곳에서 살고 싶다는 꿈을 꾸고 있었다. 뮤즈는 고급 타운하우스 거리의 뒤쪽으로 늘어선 개별로 지어진 마구간으로, 자동차의 시대에는 차고가 되어 기혼 남성 스태프가 가족과 살기 위한 숙사로도 사용되었다.

하지만 연인을 따라 직장을 옮겼으나, 여름이 되자 가장 중요한 그 연인이 뇌조 사냥의 계절이 되어 고용주를 따라 스코틀랜드로 가버렸다. 나고 자란 고향과 가까운 컨트리 하우스에 직장을 얻어 한동안 일한 아이린. 매일 편지를 썼지만, 머지않아 헤어지자는 답장이 도착했다.

> 「정말 충격이었습니다. 런던으로 돌아오면 약혼하자고, 장래에 대해서도 많은 이야기를 했는데. (중략) 이유요? 분명히 그는 저보다 잘 어울리는 사람을 찾은 걸 거예요. 나이 차이가 꽤 났으니까요.」

NO SPECTATORS, NO OBSERVERS,
BUT AS MANY TIMES AS YOU LIKE.

🌸 (왼쪽)「훔쳐보는 건 금지! 하지만 몇 번이고 키스해줘♥」
소인은 1915년.
🌸 (오른쪽)「잭이 상륙하다」해군이라면「Jack Tar」, 육군이
라면「Tommy Atkins」, 경관이라면「Bobby」라는 상투적
인 별명이 있다. 소인은 1910년.

🌸 POST CARD

   20세기 초에 유행한, 사랑스러운 메이드들
의 코믹 엽서. 연인끼리의 가벼운 연락이나 친
구에게 보낼 때 사용했던 것 같다.

🌸 「이별의 키스 한 번, 가기
전에 또 한 번, 눈 속에서
도 하트는 따끈따끈」 소
인은 1907년.

🌸 (왼쪽)「직무수행의 길은 기쁨으로 지난다」 소인은 1908년.
🌸 (오른쪽)「젊은 경관의 모험—요리사의 총애」 소인은 1908년.

    § (왼쪽)「이별의 키스」소인은 1908년.
    § (오른쪽)「런던에서 흔히 볼 수 있는 연인들」미사용 엽서.
       1900년대 초반.

    § (왼쪽)「가을의 작전 행동」소인은 1904년.
    § (오른쪽)「제인? 어디서 담배 냄새가 나는데?」붉은 재킷은
       육군 병사. 1900년대

    § (왼쪽)「저 아이는 경관의 주목 대상」미사용. 20세
       기 초
    § (오른쪽)「레드 라이온(펍에 흔히 있는 이름) 미사용 엽
       서. 20세기 초.」

연인을 편지로 붙잡는다

　아이린의 장거리 연애는 이루어지지 않았다. 하지만 많은 메이드들은 편지를 통해 고향에 두고 온 연인을 붙잡아 두고자 했다. 플로라 톰슨은『라크 라이즈』에서 19세기 후반 메이드들의 사랑을 이렇게 적고 있었다.

> 「마을 젊은이들과 약혼한 아가씨도 몇 명 있었다. 아가씨가 여름 휴가를 내어 돌아왔을 때만 만날 수 있었기 때문에 교제는 대부분 편지 교환이었다. 편지 교환과 가끔의 재회로 이루어진 몇 년 동안의 연애가 지나면 그들은 결혼하여 라크 라이즈나 근처 마을에서 살기 시작한다.」

　플로라가 소녀 시절을 보낸 마을에서는 가끔 남편이 없는 여성이 아이를 낳는 일이 있었다고 했다. 마을의 반응은 불륜이 아닌 이상 다들 동정적이었다. 어머니들은 자신들의 딸들에게 정조를 지키도록 엄하게 가르쳤으나, 만약 남의 집 딸에게 「결혼을 서둘러야 하는 이유가 생겼을 때」, 다시 말해 혼전임신이라는 것을 알았을 때는 관대하게 「어차피 그렇게 될 일」이었다며 받아들였다고 한다. 즉 대다수 메이드들이 나고 자란 전원지대에서는 정해진 상대와 결혼을 전제로 충분한 교제기간을 거친 다음, 아이가 생긴 것을 계기로 결혼을 결심하는 것이 전통적인 관습이었던 듯하다.

하지만 도시에서는 농촌에서의 방식이 통용되지 않았다. 아직 사회 보험이 제대로 갖춰지지 않았던 시대, 뜻하지 않은 임신을 하거나 품행이 방정하지 못하다는 이유로 해고당할 경우, 『라크 라이즈』에 묘사된 것과 같은 관대한 커뮤니티도 없는 대도시에서 젖먹이 아기까지 딸린 몸으로는 곧장 곤궁한 생활에 처할 수밖에 없었다. 메이드들은 그러한 미래를 잘 알고 있었기에 항상 신중하

❦ 사랑하는 연인에게서 온 편지를 읽는다. 글로스터셔의 사진관에서 촬영한 명함판 사진. 1900년대 초반에 촬영한 것으로 보인다.

게 행동했기에 시골보다는 런던이 사생아의 출생률이 훨씬 낮았다는 데이터도 있다, 결과만 보자면 시골의 여자아이들은 순진하고, 도시 여자아이들이 훨씬 분방하다는 일반적인 이미지와는 반대인 것이 흥미롭다.

당연한 얘기겠지만 많은 메이드는 「신중한 교제」를 거쳐 결혼자금을 모았다. 저금, 요리, 예쁜 옷이나 화장품 그리고 때로는 「문란함」. 그녀들은 다양한 수단을 사용해서 좋아하는 상대를 손에 넣으려고 했다. 만약 메이드가 고용주에게 경박하게 보였다면 그것은 진지하게 사랑을 했던 것, 단지 그것뿐일지도 모른다.

「신분 차이를 넘어선 사랑」, 전설과 현실

❀ 쉰 살이나 나이 차이가 나는 데어리 메이드와 결혼한 준남작

자연스러운 흐름에 따라 고용주계급과 사용인이 결혼이나 그것에 가까운 공식적인 관계에 이르는 경우가 없었던 것은 아니다. 해리 페더스톤하우는 1754년 출생, 1774년에 2대 준남작Baronet의 지위와 석세스 언덕에 세워진 저택 어파크를 상속받았다. 그의 청년 시절은 방탕함의 끝이었다. 에밀리 라이언이라는 이름의 대장장이 딸을 애인으로 삼아, 만찬실의 테이블 위에서 댄스를 추라고 하기도 했다. 그녀는 나중에 레이디 엠마 해밀턴이 되어 영웅 넬슨 제독과의 불륜으로 세상에 알려지게 되는데 그것은 따로 다룰 이야기다.

대략 반세기가 지나, 노년기를 맞이한 해리 경은 어느 날 정원의 테라스에 있던 젊은 여자의 노랫소리를 듣게 된다. 목소리의 주인은 낙농실에서 일하던 메리

❦ (오른쪽)페더스톤하우 경의 부인이 된 메리 앤 블록(1805~74). 정확한 연대는 분명하지 않으나 아마 19세기 중반 이후, 미망인이 되었을 때의 사진으로 보인다.
❦ (왼쪽)성인이 되었을 무렵의 해리 페더스톤하우 경(1754~1846). 「어파크」의 「붉은 응접실」에 걸려 있는 초상화. 폼페오 바토니 작, 1776년.

앤 블록Mary Ann Bullock. 데어리 메이드인 그
녀의 곁에 문지방이 닳도록 드나들더니, 어
느 날, 드디어 프러포즈를 했다. 놀란 메리
앤에게 그는 「지금은 대답하지 말아줘. 만
약 승낙한다면 저녁 식사 때 내 몫의 양고
기 다리를 얇게 썰어달라」고 헀다. 그리고
그날 밤, 식탁 위에 오른 양고기는 얇게 썰
린 것이었다.

🌸 칼크 애비의 고독한 준남작, 헨리
하퍼 경.(후에 「크루Crewe」라고 개
명. 1763~1819). 21세 때의 초상.

　해리 경은 메리 앤을 프랑스로 보내어 읽
기, 쓰기, 자수 등의 숙녀 교육을 받을 수 있
게 해주었다. 신랑은 70세를 넘었고, 신부
는 아직 20세. 50살이나 차이가 났다.

　동화에서라도 나올 것 같은 「신데렐라 결
혼」처럼 보이지만, 옛날이야기와 달리 거기서 끝이 아니었다. 비참한 데어리 메
이드였던 과거를 가진 「레이디 페더스턴하우」는 풋맨에게 조소를 당했는데, 해
리 경은 그를 해고했다. 하지만 집 안에서라면 몰라도 사교계의 구석구석까지 그
의 위광이 미치지는 못했다. 사냥터지기에게 「내가 어리석은 짓을 한 걸까?」라며
털어놓기도 했다고 한다.

　하지만 결혼 생활은 평온하게 이어져, 해리 경은 1846년까지 살다가 저택을
포함한 전 재산을 아내에게 남겼다. 메리 앤은 해리 경이 살아 있을 때의 전통을
지켜, 수렵 파티를 열거나, 신혼여행에 저택을 빌려주는 등, 일부 귀족들과의 교
우를 유지하며 지냈다. 미망인은 1874년까지 살았고, 유산은 여동생인 프란시스
에게 넘어갔다.

🌸 레이디스 메이드와 결혼한 고독한 준남작

　메이드를 아내로 맞이해, 영지에 숨어 사는 듯 생활한 준남작이 한 명 더, 더
비셔의 칼크 애비에도 있다. 1789년, 25세의 헨리 하퍼는 7대 준남작의 작위를
아버지에게 물려받아 경Sir이 되었다. 그 후, 온갖 사교계를 거부하며 방에 틀어
박혔다. 레이디스 메이드인 내니트 호킨스를 애인으로 삼아 동거하다가 이윽고
1792년에 결혼한다. 사교계는 계급사회의 질서를 깨부순 준남작 부부를 거절했

column

🌿 예전에 레이디스 메이드로 일했던 내니트 호킨스(?~1827). 남편과의 사이에 7명의 자녀를 두었다.

🌿 한나 컬위의 초상 사진. 때 묻은 작업복과 장화, 두꺼운 작업용 앞치마. 손목에는 먼비와의 관계를 나타내는 가죽 팔찌를 차고 있다.

고, 그 또한 세상을 거부했다. 그러한 생활 태도 때문에 헨리 경은 「고독한 준남작」이라고 불렸다. 「어떤 남자라도, 친구라도 해도, 사용인이라고 해도」 아내를 만나게 해주지는 않았다.

내니트의 인품을 엿볼 수 있는 단서는 상당히 적어서 그 심정은 그저 상상하는 수밖에 없을 따름이다. 칼크 애비의 응접실에는 담담한 색의 파스텔로 그려진 초상화가 걸려 있다. 두 사람의 후계자는 고독이 아닌, 사교계 활동 재개를 선택했다.

🌿 키친 메이드와 야반도주를 한 공작의 아들

위의 두 예는 모두 준남작 가문에서 일어난 일로, 엄밀히 말하자면 이들은 귀족이 아닌 지주계급Gentry에 속한다. 하지만 최고의 지위에 속하는 공작 가문에서도 19세기 후반, 몇 건인가의 신분을 초월한 결혼이 있었다고 알려져 있다. 서머싯Somerset 공작가는 공작 지위 중에서도 왕족을 제외하면 작위를 받은 지 두 번째로 오래된 가문이다. 12대 서머싯 공작의 장남인 시모어 에드워드 아돌퍼스 퍼디낸드Seymour Edward Adolphus Ferdinand 는 1869년 아버지를 두고 서른이라는 젊은 나이에 세상을 떠났다. 죽기 몇 해 전, 그는 이국적인 미모를 가진 키친 메이드 로지나 스완과 야반도주해서 아이를 낳았다.

12대 공작이 죽었을 때는 손녀인 루스에게 8만 파운드 상당의 동산動産이, 손자인 해럴드에게는 데본셔의 뉴턴 애벗Newton Abbot에 있는 영지와 저택을 물려주었다. 루스는 후에 사교계에 데뷔해서 포틀랜드 공작 가문의 일원과 결혼한다.

해럴드는 15대가 사망했을 때 공작 작위 계승을 주장했으나, 양친의 결혼이 그리스도교를 바탕으로 한 것이 아니라는 이유로 받아들여지지 않았다. 일설에 따르면 숙부의 계략으로 결혼 증명서를 빼앗겼다고도 한다. 만약 인정을 받았다면 메이드의 아이가 공작이 될 뻔했다.

🌸 신사와 비밀 결혼한 제너럴 메이드

1863년 1월, 당시 30세였던 한나 컬윅은 키친을 찾아온 동료의 친구에게 「맨체스터 공작의 아들인 로버트 몬터규 경Lord Robert Montagu과 너스 메이드가 결혼한다」는 이야기를 들었다. 이야기를 들려준 그녀 자신도 너스 메이드였던 터라 동업자의 「신데렐라 결혼」을 부러워했다. 하지만 한나는 「사랑, 명예, 그리고 서로가 주고받는 말이 재산보다 훨씬 좋다」고 단언했다.

한나는 그 자리에서는 세상 물정을 모른다며 비웃음을 샀으나, 바로 한나 자신이 사실 중류계급의 신사였던 아서 먼비와 10년 가깝게 신분을 뛰어넘은 교제를 계속 이어오고 있었으니, 얄궂다고나 할까, 희한한 상황이 아닐 수 없다. 먼비는 또 다른 경로를 통해 로버트 경의 소문을 듣고 그가 일가친척들로부터 배척당하고 있는 것 같다는 상황을 일기에 적어놓았다. 하지만 정계 활동은 은퇴하지 않았는지 로버트 경은 후에 교육부 장관이 되었다.

십 년 후인 1873년에 망설임과 갈등 끝에 한나와 먼비는 비밀 결혼에 발을 들여놓기로 한다. 하지만 가정부와 주인을 가장한 동거생활은 1877년에 끝났으며, 이후로는 떨어져 지냈다. 비밀은 끝까지 숨겨졌고, 두 사람이 세상을 뜬 후에 알려져서 세간에 충격을 안겨주었다.

결혼이나 동거까지 하면서 「죽음이 두 사람을 갈라놓을 때까지」 해로한 예는 지극히 소수다. 드물기 때문에 센세이션을 불러일으켜, 이곳저곳의 키친이나 응접실에서 입에 오르내린 것이다.

🌸 시인이자 법정변호사였던 아서 조셉 먼비(1828 ~ 1910). 육체 노동에 종사하는 여성에게서 강한 매력을 느끼고 다수의 사진을 촬영했다.

STEPHENSON BROS.

Superior FURNITURE CREAM or Servants' Friend
Warranted not to Finger Mark

🖎 가구용 크림. 1890년경의 광고인데 복장은 동시대보다 조금 더 예전인 레트로풍.

NESTLÉ'S FULL CREAM MILK

Baby pined and wasted quickly. Skimmed Condensed Milk made him sickly.

Baby's happy, chubby, bright. NESTLÉ'S Full Cream put him right.

🖎 「탈지유가 아닌, 당사의 전유제 밀크를 추천」 1910년경.

PATENT Cedar Felt FOR LAYING UNDER CARPETS & FLOORCLOTHS

TO IMPROVE AND PROTECT THEM at small cost

🖎 카펫 밑에 까는 천. 팸플릿. 1895년 경.

🦋 ADVERTISING

식품이나 가정용품의 광고 속에서 캠페인 걸처럼 메이드가 웃고 있다. 패션은 최첨단으로, 더러움도 피로함도 보이지 않는다. 주종 모두에게 이상적인 생활을 표현한 것이리라.

"DAPPA" BOOT POLISH

BLACK OR BROWN

AN EXTRA BIG SHINE !

🖎 구두약. 1910년경.

WITH A BRITISH KOMO HANDY MOP

YOU CAN CLEAN THROUGH THE HOUSE IN NO TIME

🖎 분리해서 씻을 수 있는 편리한 막대 걸레. 1905년경.

◈ 라운트리의 코코아. 1900년.

◈ 무연 석탄 스토브 「따뜻하고 연기도 안 나고, 더러워지지도 않는다」 그래서 메이드도 방긋? 1910년.

◈ 세탁풀과 표백제(블루). 1897년

◈ 만능 살균·세정 암모니아크림. 1907년.

◈ 소화제. 「아버지도 어머니도 아가씨도」 1900년경.

◈ 베이킹파우더. 1900년대로 추정

◈ 가스회사 광고 카드. 가스 오븐에서 요리한다. 1895년경

제10장
메이드의 미래

마님의 고민—어느 중산층 가정의 경우

에드워드 린리 샘번Edward Linley Sambourne은 친척의 유산이 들어와 연 수입이 650파운드에 도달했을 때, 메리언 양과의 결혼을 결심했다. 1875년 켄싱턴의 고급 타운하우스를 예술적으로 멋진 세간살이로 꾸며놓고 살기 시작했는데, 풍자만화지『펀치』의 일러스트레이터로 활약하면서 린리의 수입은 곧 2,000파운드를 넘게 되었다. 이것은 어지간한 지주와 맞먹을 정도의 수입으로, 어엿한 상층 중류계급이라 할 수 있었다. 아이는 두 명, 실내 사용인은 네 명. 요리사, 하우스 메이드, 너스 메이드, 그리고 팔러 메이드 혹은 하급 하우스 메이드였다.

※ 중앙에 있는 사람이 여주인인 메리언 샘번(1851~1914). 옆에는 시어머니, 앞에는 아이들. 뒤로 물러나 있는 사람들이 아마도 메이드. 1884년 10월. 바다에서.

아내인 메리언의 일기를 보면 적합한 사용인을 확보하려는 여주인의 책무에 계속 고민하는 모습이 엿보인다. 신문광고를 내고, 면접을 보고, 소개장을 읽고, 그 내용은 예전 고용주에게 편지로 물어보고, 때로는 직접 만나러 가서 확인하기도 했다. 하우스 메이드는 자주 바뀌었고, 요리사는 언젠가부터는 아예 없었다. 예를 들면, 1882년 1월, 『데일리 텔레그래프 The Daily Telegraph』라는 신

🍃 이젤 앞에 앉은 린리 샘번(1844~1910). 1893년의 사진.

🍃 샘번 저택의 켄싱턴 스탠포트 테라스. 1910년경의 사진으로, 빅토리아시대의 내부 장식이 보존되어 있어 현재도 예약제로 견학이 가능하다.

문에 요리사 구인광고를 실었는데, 이틀 후의 결과는 「열 명의 후보자와 면접을 치렀지만 가망이 있어 보이는 사람은 한 명뿐」이었다고 한다. 이때 채용한 요리사는 2주일 후에 문제를 일으켜서 훈계하지 않을 수 없었다. 그리고 그 후에 얼마 안 가서 그만두고 말았다. 가끔 괜찮은 요리사가 있어도 결국 실망하고 말아, 똑같은 사이클이 몇 개월 단위로 반복되었다.

사용인이 스스로 그만둘 때, 일반적으로는 한 달 전에「사직 예고Notice」를 전달했다. 고용인이 해고를 통보할 때도 중대한 규율위반이 있을 경우에는 즉시 해고했지만, 일반적인 이유라면 역시 한 달 전에「해고 예고Notice」를 전달했다. 한 달 분의 급료를 받고 당장 그만둘지, 한 달 후까지 일할지, 정말로 일손이

🌿 서로를 속속들이 잘 아는 사용인과 함께 요리하는 아가씨.「걸즈 온 페이퍼」1887년 크리스마스 호에 게재된 소설 삽화.

필요할 때만 일할지 등, 사직할 때의 절차는 상황에 따라 달랐다.

샘번 가의 역대 팔러 메이드들은 다른 스태프들보다 오래 일했지만 결혼을 이유로 그만두었다. 하우스 메이드보다 높은 서열이라는 증거로 성으로 불렸는데, 1883년까지는 리드, 1884년에는 글로브스가 있었고, 그리고 1885부터 고용된 로렌스는 1889년까지 일했다.

마님인 메리언은「리드와 함께 접시를 정리」하거나,「로렌스와 뒷 정원을 정돈」하며, 중류계급의 마님이 가장 가까이에 있는 메이드와 사이좋게 가사를 분담하는 모습을 보였다. 메이드의 기분

🖋 동료의 말투가 좋지 않다며 퇴직을 권하는 레이디스 메이드. 하지만 그렇게 말하는 본인도 입이 거칠기는 매한가지. 『펀치』 1853년 5월 21일 게재.

은 알 길이 없지만, 근속 기간에서 짐작할 수 있듯이 만족했던 것을 알 수 있다. 샘번 가의 팔러 메이드는 마님의 친구로서 상담역할도 하면서 상류 가정의 레이디스 메이드에 가까운 역할을 완수했다. 하지만 이후에는 그렇게까지 신뢰 관계를 쌓을만한 인재를 찾지 못해서 메리언은 아쉬운 대로 하우스 메이드보다 아래인 하급 하우스 메이드를 고용해 쓸 수밖에 없었다.

메이드를 구할 수 없다! -「사용인 문제」

사용인의 수가 부족하다는 점, 그리고 양질의 사용인이 줄어든 것 같은 기분이 드는 점. 이것은 고용주들 사이에서 「사용인 문제」라고 불렸으며, 특히 빅토리아시대 후기 이후, 신문이나 잡지의 화

❦ 등록소에 갔더니 불결하고 일을 잘하지 못할 것 같은 아이가 한 명 있을 뿐이었다. 그럼에도 서로 데려가려고 난리였다. 『편』 1880년경.

제 아이템이었다. 물론, 예전에도 문제가 없었던 것은 아닐 것이다. 「요즘 메이드들은 별로야. 예전이 좋았어」라고 말하는 주인님·마님의 불평은 어느 시대에나 똑같이 반복해서 터져 나왔다. 하지만 19세기 말에 있었던 「사용인 문제」는 사용주들의 실감이라는 차원을 떠나 통계적으로도 눈에 띌 정도였다. 1890년대에 상무성이 실시한 조사에 따르면 런던에서 일하는 조사대상인 실내 사용인 1,864명 중 36퍼센트가 1년 안에 이직을 하고 있었다. 직종별로 보면 런던의 제너럴 서번트 중 47퍼센트, 요리사는 33퍼센트, 하우스 메이드는 35퍼센트가 1년도 못 채우고 그만두었다. 전체적으로는 약 세 명 중 한 명이 같은 직장에서 1년 이상 일하지 않았다는 말이 된다. 사용주 측에서는 이러한 「사용인 문제」의 원인이 메이드 자신에 있다고 주장했다. 품행이 난잡한 하우스 메이드, 반항적인 요리사는 당연히 그만두어야 한다고 보았으며 해가 갈수록 메이드들의 태도도 나빠지고 있는데 학교에 가거나 책을 읽고 쓸데없는 지혜를 얻어 더욱 심해졌다는 것이었다. 때문에 예전의 충실한 사용인은 어디로 사라진 걸까? 라고 한탄했다고 한다. 하지만 메이드를 비롯한 사용인들의 입장에서 보자면, 침실은 초라했고, 일은 힘들고, 노동시간은 길고, 생활태도에 옷차림까지 간섭당하는 것은 물론, 휴일은 적고, 연인을 만나는 걸 싫어하는 등…. 고용주 쪽에 훨씬 문제가 크다는 견해를 보이고 있었다.

하녀의 무릎이라 불리는 직업병

사직을 신청할 때, 곧잘 사용하는 문구가 있었다. 그것은 바로 「출세하기 위해서Better My Self」. 누구나 그렇겠지만 그녀들에게도 더 나은 환경에서 일하고 싶다, 더 나은 대접을 받고 싶다, 더 나은 내가 되고 싶다는 욕구가 있었다.

지금보다 높은 급료를 바라는 전직은 남녀별, 근무지의 계급을 따지지 않고 행해졌다. 거주 환경이나 식사의 구성, 룰, 여가, 혹은 마님이나 동료의 성격, 단지 서열이 마음에 들지 않는다는 등, 다양한 불만이 「더 나은 장소」를 갈구하는 동기가 되었다.

또한 물리적으로 그만두지 않으면 안 되는 경우도 있었다. 놀라울 정도로 많은 메이드가 「첫 직장에서 병이나 부상으로 본가로

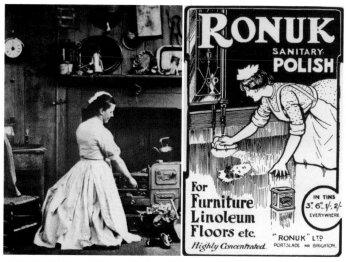

※ (왼쪽)무릎을 꿇고 난로를 청소한다. 더러움을 방지하는 깔개나 패드를 깔아보기도 했으나, 매일 아침 똑같은 자세를 하게 된다.
※ (오른쪽)바닥·가구를 닦는 세제 광고. 하급 메이드들은 「얼굴이 비칠 때까지」 힘주어 닦을 것을 매일 요구받았다.

돌아갔다」는 체험을 회상하고 있었다. 12세나 13세의 어린 나이로 아직 몸집도 작을 때 제대로 쉬지 못하고 매일 16시간의 중노동에 계속 시달리면 건강이 망가지는 것도 무리는 아니다.

기록 중에 종종 눈에 띄는 것은 설거지 중에 손가락을 다쳐 패혈증에 걸렸다는 것. 그리고 그 이름도 「하녀의 무릎Housemaid's knee」이라고 불리는 직업병이었다. 현재 일반적인 병명은 「무릎앞윤활낭염Prepatellar bursitis」이라 하며, 무릎을 굽히고 똑같은 자세로 반복해서 일한 탓에 슬개골과 피부 사이에 있는 점액낭이 염증을 일으켜서 붓는 것이다. 난로 청소나 현관 닦기를 하는 하급 메이드가 걸리기 쉬워서 이것을 방지하기 위해 두꺼운 울 소재의 검은 스타킹 위에 「더러운 스타킹으로 만든 두꺼운 패드를 꿰매어 달고 일했다」는 메이드도 있었다. 바이올렛 리들은 극작가 버나드 쇼의 집에서 일했을 때, 이 병에 걸려 몇 주 동안 입원하면서 수술까지 하게 되었다.

메이드가 병에 걸리거나 부상을 당했을 때 주인이 치료비를 낼 의무는 없었기 때문에 이에 대한 대응도 가지각색이었다. 자신의 주치의를 불러 본인이 스스로 간호까지 해준 마님이 있는가 하면, 그냥 해고해서 집으로 돌려보내는 것으로 끝인 곳도 있었다.

기술을 익혀 커리어를 쌓는 전직 사례

현재의 직장에 딱히 불만이 없어도 「자신의 가치를 높이기 위해서」, 다시 말해 장래에 더 높은 서열의 직종으로 올라가기 위한 수단으로써 기술을 습득할 수 있는 직장으로 이동하는 일도 널리 행해지고 있었다. 진 레니는 스컬러리 메이드에서 키친 메이드로 한번 승진했을 뿐, 상사인 요리사에게 다른 집으로 옮겨가서 스컬러리부터 다시 시작할 것을 추천받았다. 소질은 충분히 있으나, 요리에 필요한 기초 훈련이 부족하다는 이유에서였다.

일단 그 충고에 따르기는 했지만, 진 자신은 사용인으로서의 캐리어는 하루라도 빨리 끝내고 싶었다. 대학. 사무직. 연극배우. 그

🍴 수프 스톡을 상품화한 리비히 사에서 나온 요리책, 1894년 간행.
1860년경부터 분량이나 순서를 명기한 실천적 레시피가 실린 책이 많이 출간되었다.

리고 작가. 언젠가는 「메이드보다 나은 자신」이 되는 것을 꿈꾼 진. 작가가 되고 싶은 꿈은 자서전을 펴냄으로써 이루었다. 대학에 가서 속편으로 『모자와 앞치마에서 모자와 가운으로Cap And Apron To Cap And Gown』라는 책도 썼다. 메이드 제복을 벗고 학사 가운으로 갈아입은 경위를 쓴 것이다.

마가렛 파웰도 「결혼해서 사용인의 세계를 벗어나는 것」이 최대의 야망이라고 생각했다. 하지만 요리 실력을 키워 보다 나은 직장으로 옮기는 것도 주저하지 않았다. 어느 날 기술 부족을 느낀 그녀는 고용주에게 허가를 받고 오후 쉬는 시간에 요리학교에 다니기로 한다. 마님은 구두쇠라서 「물론 학비는 네 돈으로 내」라고 했기에 알아본 것 중에 가장 저렴했던 1회에 2실링 6펜스인 그룹 레슨을 선택했다. 「무슈 리옹」에게 절약 레시피를 몇 가지 배웠고, 고용주도 만족했으나, 프랑스인 셰프인 줄 알았던 그가, 사실은 경력을 사칭한 영국인이라는 것이 판명되자,

그의 기술도 의심스러워
져서 그만두었다. 마가렛
의 경우, 『비튼 부인의 가
정서』에 실린 레시피와 독
학으로 습득한 기술이 훨
씬 더 도움이 되었다.

머리 땋는 법을 배우고 있는 레이디스 메이
드의 모습. 274쪽에 다시 등장하게 될 보이
스 부인도 주인마님의 지시로 매 주마다 두
번씩 하비 니콜스Harvey Nichols 백화점에
서 이와 같은 수업을 받았다고 한다.

그 『가정서』에서 비튼
부인은 레이디스 메이드
가 될 때 몸에 익혀야 하
는 기술로서 머리 땋기와
재봉을 꼽고 있다. 로지나
해리슨은 레이디스 메이
드가 되기까지 무보수의
수업 기간이 이어지는 게
힘들게 느껴져서 하우스 메이드나 키친 메이드 등의 다른 직종으
로 이동할 수 없는지 어머니께 물어보았다. 메이드의 경험이 있는
터라 출세방법을 알고 있었던 어머니의 대답은 노(NO)였다.

「만약 한 번 코스가 결정되면, 그곳에서 벗어날 수 없어. 그러
면 안 돼. 처음부터 자신이 원하는 길로 가야 해.」

로지나는 2년제 학교에 입학해서 프랑스어를 배워, 재봉사 수련

❦ 19세기 말에 활약했던 요리연구가 마셜 부인Agnes Bertha Marshall의 요리학교. 부족한 예산으로도 근사한 프랑스 요리를 만들 수 있도록 지도했다고 한다.

을 거쳐 젊은 아가씨를 모시는 메이드부터 일을 시작했다.

실제로는 성공적으로 다른 부서로 전직하는 케이스도 있었다. 하우스 메이드는 동행을 데리고 오지 못한 체류객 레이디나, 가족 중에서도 젊은 아가씨의 신변을 돌봐주는 일을 겸하는 것을 요구받았다. 너스 메이드는 담당하던 어린아이가 성장해서 젊은 아가씨가 된 후에도 그대로 개인 몸종이 되어 계속 돌봐주기도 했다. 이러한 경위에서 고용주가 비용을 지불하고 마음에 드는 메이드를 미용학교에 다니게 해주었다는 기록이 남아 있다.

여성 사용인의 정점, 가정부

여성 사용인의 정점은 두말할 것 없이 가정부다. 이 자리에 오르는 길은 매우 다양해서, 부하에 해당하는 수석 하우스 메이드에서 승진하는 경우도 많았지만, 요리사나 너스, 레이디스 메이드에서 올라오는 경우도 많았다. 전설적인 신데렐라 결혼의 무대가 된 저택 어파크에도 레이디스 메이드 출신인 가정부가 있었다.

사라 웰스Sarah Welles는 소녀 시절에는 가정 형편이 괜찮아서 여학교에서 중등교육까지 받았다. 나중에 가계가 기울어서 재봉소에서 6년 정도 수업을 받고 1850년부터 어파크의 레이디스 메이드로 일하기 시작한다. 몇 년 일하고 퇴직해서 결혼했는데, 1880년에는 가정부로 복직한다. 사라가 돌아간 어파크는 전직 레이디스 메이드인 준남작 부인」 메리 앤이 세상을 떠난 후, 여동생인 프란시스가 이어받았다. 성장 과정 덕분에 프란시스보다 사라가 교양이 있어서 두 사람은 처음 만났을 때부터 친구 같은 관계를 맺었다고 한다.

하지만 업무 면에서는 경험도 없고, 아랫사람들을 제대로 통제하지도 못했다고 한다. 사라의 아들이 쓴 자서전에 따르면 「최악의 가정부」였던 모양이다. 친어머니에게 신랄한 평가를 내린 이 남자는 작가 H·G·웰스. 어파크 저택 사용인 구역에서 보낸 소년 시절은 『토노 번게이Tono-Bungay』 등의 작품에 짙게 반영되어 있다. 사라 웰스의 그 이후는 어떠했냐면, 수석 하우스 메이드에게 실무를 빼앗겨 설 자리를 잃더니, 결국 1893년에 해고당하고 말았다. 하지만 그 무렵에는 아들이 문필로 두각을 나타내고 있어서 여생이 어둡지만은 않았던 것 같다.

로지나 해리슨의 기억에 따르면 상류 컨트리 하우스에서 일하는

❦ **(왼쪽)**1874년에 언니에게서 「어파크 저택」을 상속받은 프란시스 블록(1819~1895). 성을
바꾸어 미스 페더스턴하우로 불렸다.
❦ **(오른쪽)**「어파크」의 가정부를 12년이나 맡았던 사라 웰스. 외모와 복장은 상당히 그럴
듯해 보이지만….

상급 사용인들 사이에는 한정적으로 자족하는 노동 시장이 있었
다고 한다. 고용주들은 자신의 친구, 메이드는 다른 저택의 동업
자와 비밀스러운 연계를 가지고 있어서 입소문과 소개로 좋은 일
자리, 혹은 좋은 사용인을 융통했다. 이 시장은 경쟁률이 높아 내
부에 들어가는 것은 결코 쉽지 않았지만, 들어가서 인정을 받기만
한다면 범죄나 난잡한 품행 등으로 사고를 치지 않는 한, 착실하게
사다리를 올라갈 수 있었다고 한다.

　그렇다면 사다리를 오르는 그녀들의 마음은 어땠을까? 가장 높
은 곳까지 올라간 다음엔 어떻게 되는 것이었을까?

오래 근무한 「충실한 사용인」들

커리어의 정점에 도달하면 사용인들은 안정된 생활을 하는 경향이 있었다. 하급 메이드는 결혼함과 동시에 퇴직했으나, 상급 사용인의 대다수는 독신으로 남아 일에 전념했다. 마님에게 신뢰받은 샘번 가의 팔러 메이드들은 결혼 퇴직을 하고 싶다고 생각할 때까지 몇 년씩 일했다. 로지나 해리슨은 고용주가 죽을 때까지 35년 동안 자리를 지켰다. 단, 레이디스 메이드는 젊은 여성을 선호하는 것이 일반적이었기에 로지나의 메이드인생은 조금 독특한 부류라 할 수 있을 것이다.

제7장과 이번 장의 앞부분에서 언급했던 상무성의 조사결과에 나와 있듯, 상위 직종으로 올라갈수록 이직률이 낮아지는 경향을 보인다. 만약 좋은 집의 상급 사용인 자리를 꿰차고 앉으면, 급료는 물론, 각종 수당도 크게 오르므로 맥주나 와인도 실컷 마실 수 있고, 부수입도 늘고, 휴일도 많아진다.

게다가 부하들이 더러운 것을 치워주고, 아침 일찍 차를 타 준다. 특권이 늘어나면서 만족도가 높여져, 결혼보다 일을 우선해도 괜찮겠다는 생각이 드는 것도 자연스러운 심리다.

하지만 그녀들의 심리적 만족은 물리적인 대우만으로는 설명할 수 없다. 플로라 톰슨의 『라크 라이즈』에는 11세 때 처음으로 「2류 직장」에 나와 근무지에서 귀한 대우를 받으며, 어른이 될 때까지 계속 일해서 마지막에는 양녀가 된 에미라는 소녀의 이야기가 나와 있다. 고용주를 흠모해서 1년이 지나도 좀 더 있겠다고 말한 아이도 있었던 모양이다. 어머니들은 자신의 딸들이 그렇게 「청춘을 버리는 행동」을 썩 달갑게 여기지는 않았다.

소녀잡지 『걸즈 온 페이퍼』에서는 1896년에 「내 일상의 일」이라는 테마로 작문 콘테스트를 열었다. 메이드들이 보낸 투고가 상당히 많이 도착해서 우수작 결과 발표와는 별도로 「가사 사용인」의 기사를 만들었다. 평론가는 「작금에는, 여주인과 사용인의 사이에는 항상 악의가 존재하고 있어서 한 직장에 오래 근무하는 옛날 같은 사용인은 다 죽고 없어졌다고 생각하는 게 유행인 것 같다. 하지만 이곳에 도착한 작문 대부분이 그것과 다른 현실을 말해주고 있었다」고 한다.

「저는 제너럴 서번트로 지금의 마님을 23년 동안 모시고 있습니다.」

「마님 곁에 오게 된 것은 22년 전으로, 도련님도 아가씨도 지금은 완전히 성장하셨지만, 당시에는 아직 어린 아기였습니다. 마님은 제가 편하게 일할 수 있도록 여러 면에서 신경을 써 주셨습니다.」

「첫 직장에서 7년 반 일했습니다. 마님은 무척이나 다정하시고, 진정한 친구입니다.」

「10년 동안 일하고 있습니다. 설거지, 빵 굽기, 정원 손질을 하고 있습니다. 마님은 무척 친절하십니다.」

「이 집에서 보낸 5년 동안 정말 행복했습니다.」

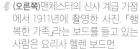

❧ (왼쪽)「어딕」에서 사용인으로 일
한 루스 존스. 은퇴해서 딸과 함
께 살았다. 1912년, 그녀가 90세
때 촬영.
❧ (오른쪽)맨체스터의 신사 계급 가정
에서 1911년에 촬영한 사진.「행
복한 가족」라는 보드를 들고 있는
사람은 요리사 헬렌 보드먼.

「16세 때 이곳에 와서 13년 이상 되었습니다.

「지금 직장에서 가정부로 9년 일했습니다. 코티지를 지었기
에 가능하면 은퇴해서 그곳에서 사는 날까지 이대로 머물고 싶
습니다.」

이 가정부가 말하는 것처럼 노후의 안정을 위해 저금하고, 작은
집을 사는 것이 커리어를 선택한 그녀들의 유일한 목표였다. 성격
좋은 귀족이나 지주를 모실 수 있어서 은퇴 후에는 집세가 무료인
코티지를 받고, 생활하는 데 충분한 연금까지 계속 받는 사용인도

🖉「셔그버러」의 가정부(아마도 왼쪽 끝)와 하우스 메이드들. 평안한 분위기. 1926년 촬영.

있었다.

> 「7년 일했는데, 제 덕분에 쾌적하게 지낼 수 있다고 마님이
> 말씀해주셨습니다.」
> 「제 마님은 언제나 무척 친절하셔서, 우리 사용인들이 즐겁게
> 지낼 수 있도록 배려해주십니다. 이곳에 온 지 5년이 됩니다.」

사용인이 보낸 222통의 투고 중 대다수가 오래 일하면서 만족하고 있다는 것을 전하는 내용으로, 여주인을 험담하는 내용은 아주 적었다고 한다. 신경을 써주고, 고맙다고 말해주는 것이 그들의 마음을 지탱해주었다는 것을 알 수 있다.

한 맺힌 불만의 목소리

또 하나의 현실—「작금의 유행」이었던 「사용인의 문제」에 대해서 사용인 자신이 신문에 투고한 생생한 목소리도 살펴보자. 시대는 20년 정도 거슬러 올라간 1872년. 영국 남동부에 있는 서리 주의 일요신문『서리 코멘트Surrey Comment』에 실린 기사이다.

「레이디들이 조금만 더 배려하는 마음을 가져준다면. 사용인도 그들과 똑같이 피와 살로 되어 있는 존재로 대해준다면. 그리고 명확하게 그들의 사정에 맞게 창조된 동물처럼 취급하지 않았으면. 그리 해준다면 이 서비튼Surbiton 마을에 이렇게까지 불만이 만연하지는 않았을 겁니다…. 사용인뿐만 아니라, 주민 전체에 퍼져 있습니다.」

사용인들의 목소리는 확실히 그 해, 격렬하게 지면을 시끌벅적하게 했고, 고용주 측의 반론도 실렸다. 「싼 급료라도 기꺼이 일하는 여자아이들은 얼마든지 있다. 구인 고지를 좀 더 철저히 하자.」「신앙 지도가 부족해서 반항적인 사용인이 많은 것이다. 매주 교회에 다니도록 철저히 지도해야 한다.」「사용인의 임금은 지금도 너무 높다.」등, 이런 분위기였고, 지면은 고용주의 편을 드는 태도를 보였다.

20년 동안 마님들은 생각을 바꾸어 조금은 다정하게 바뀌었을까? 물론 바뀌었을 수도 아닐 수도 있다. 여기에는 미디어의 차이도 있을 것이다. 『서리 코멘트』는 남성도 읽은 일요신문이었으나, 『걸즈 온 페이퍼』는 「종교 소책자 협회Religious Tract Society」가 발행하는 아가씨들 잡지. 본래 타깃 독자층이 중류층 여성이어서, 사용주 쪽을 엄히 몰아세울 수는 없었을지도 모른다.

사용인 내부의 계급의식

『서리 코멘트』에 투고한 사용인들은 마님들의 태도가 차별적이고 배려가 없다고 비난했지만, 실제로 메이드들 자신도 그렇게까지 남을 비난할 처지는 아니었다. 특히 사용인계급의 최상층으로, 귀족이나 지주의 대저택에서 일하던 상급 사용인들은 주인들에 의해 만들어진 계급사회구조를 자신들에게도 적용하여, 주인과 일체화된 시선으로 주변을 보고 있었다. 레이디스 메이드였던 보이스 부인은 이렇게 말했다.

「브로즈웍스 홀」의 키친 메이드. 케이트 데이. 한 번 퇴직한 후인 1910년. 미망인이 되고 나서 예전 일로 돌아왔다.

「특히 근무지를 까다롭게 선택하는 하우스 메이드, 레이디스 메이드, 풋맨

에게 있어 주인의 '품성'은 특히 중요한 포인트였습니다. 좋은 의미로 보수적이었던 잉글랜드 귀족은 사용인을 보석처럼 다루었지요. 그래서 우리는 자신들이 마치 '쁘띠' 상류층Snob 행세를 할 수 있었습니다」

§「브로즈워스 홀」에서 일했던 젊은 스틸 룸 메이드. 이름과 연령은 확인되지 않았다.

제5장에서 본 것처럼 사용인 홀에서의 식사 때는 서열에 따라 자리에 앉았는데, 그 순서대로 배식이 이루어진다. 상급과 하급의 스태프 사이에는 깊은 골이 있어서 툭하면 계단 위 이상으로 엄격한 상하관계가 생겼다. 큰 저택에서 숙박형 하우스 파티가 있으면, 게스트는 레이디스 메이드나 시종, 마부 등을 데리고 온다. 그들은 자신의 이름이 아닌, 주인의 성이나 영지 명을 계단 아래의 통칭으로 서로를 불렀다. 그리고 사용인 홀에서의 자리 순서도 주인의 서열에 따라 결정되었다.

어느 지주 가문에서 일했던 하우스 메이드는 다음과 같은 이유로 사직을 신청했다고 한다.

「마님을 모시면서 정말 뿌듯했습니다. 하지만 '홀'에서 나올

때, 맨 마지막에 나와야 하는 것이 언제나 무척 속상했습니다. 그러니 앞으로는 칭호가 있는 레이디나, 아무리 못해도 자작이나 남작 아가씨Honorable이상의 분을 섬기고 싶습니다.」

이 발언이 사실이라면 지주 마님도 그녀 못지않게 상처받지 않았을까?

세계대전이 코앞으로 다가온 1912년, 어느 진보적인 여주인이 「한 달에 한 번, 스태프 모두가 사용인 홀에 친구를 초대하는 것을 허락하겠다」고 제안했더니, 가정부는 「상급 사용인은 하급 스태프의 친구나 친척과 어울리기 싫어할 테니 분명 보이콧을 할 거예요」라고 일축했다.

이것과 비슷한 상황은 『피터팬』으로 유명한 극작가 J·M·배리 James Matthew Barrie가 1902년에 쓴 희곡 『훌륭한 크라이턴The Admirable Crichton』에도 묘사되어 있다. 「급진적」인 귀족 주인이 정기적으로 사용인들과 함께 파티를 열지만, 말이 잘 통하지 않아 즐겁지 않으며 계단 아래로서는 고맙지만 결국 '민폐'더라는 이야기다.

바깥 세계와의 관계에 있어서, 메이드는 전반적으로 불리한 입장이었다. 시골에서는 세련되고 멋진 여자로 보이기도 했으나, 도시에서는 무시당했다. 1920년대에 비트윈 메이드였던 여성은 이렇게 말했다.

> 「저는 사용인이라고 남들에게 말하는 게 정말 싫었습니다. 그것은 불명예입니다. 키친 메이드는 특히 더 그렇습니다. 팔러 메이드라고 하면 조금은 나을지도 모르겠지만요.」

마가렛 파웰도 어느 날 동료에게 만약 좋아하는 사람이 생겨도 자신이 메이드라는 것은 절대 말하면 안 된다는 충고를 들었다. 다른 직장에서 같이 일했던 팔러 메이드 힐다는 한술 더 떠서 자신을 비서라고 거짓말했다. 하지만 작업실에 그를 데리고 와서 농지거리를 하기 직전에 무의식적으로 평소의 버릇이 나와 남아 있던 은식기를 뽀득하게 닦고 말았다. 불행히도 정체를 들키고 만 힐다는 해군사관이었던 그의 숙소에 두 번 다시 가지 않았다고 한다.

키친 메이드 출신인 마가렛은 그 당시에는 괴로웠을지도 모르는 기억도, 재밌고 웃기게 각색해서 쓸 수 있는 글재주를 가지고 있었다. 덕분에 몇 권이나 되는 책도 내고, 텔레비전 탤런트 같은 활약도 할 수 있었다.

모습을 감춘 그녀들

젊었던 날들, 열심히 살았던 시절을 뒤돌아보면, 의외로 빛나 보이기도 한다. 컨트리 하우스의 안정된 부서에서 오래 일했던 사람들에게는 특히 그런 경향이 강한 듯하다. 먼 과거의 기억은 애매하고, 사실이나 시간적 순서도 흐릿해지기도 한다. 같은 사용인이라고는 해도, 규칙은 각 가정마다 전혀 다르기 때문에 체험한 일의 차이도 크다. 하지만 회상하면서 생기는 감정은 그 사람에게 있어 하나의 '진실'일 것이다.

「내 인생 중에 가장 행복했던 때는 14세부터 22세까지의 시절입니다. 이 기간에 나는 잉글랜드의 귀족과 젠트리가 쇠퇴하기 이전의 대저택에서 지낼 수 있었으니까요……. 그런 멋진 저택에서 살면서 그곳에 있는 멋진 보물들을 바라보거나, 만질 수 있었던 것을 특권이라고 생각하고 있습니다.」(하우스 메이드 출신)

1946년, 진 레니는 사용인 일을 그만두고 교육성에서 일했다. 직장은 런던의 이튼 스퀘어에 있었는데, 그녀가 예전에 지하 키친에서 일했던 타운하우스와 비슷한 건물을 개조한 것이었다. 더 이상 메이드가 아니었기에 「계단 아래」의 통용구가 아닌, 정면의 현관으로 발을 들여놓을 수 있었다. 사무실로 사용하는 곳은 예전에 「계단 위」 사람들의 사교가 펼쳐졌던 응접실이다. 진은 희미하게 등골이 서늘해지는 감각에 몸을 떨었다.

「서류 창고가 된 지하로 내려가자 물리적으로 가슴이 아팠다 ―그리움이라고는 손톱만큼도 없는 아픔이었다. (중략) 예전에 이 어두운 지하실에서 긴 조리대와 볼품없는 스토브를 사용해서 나나 나와 비슷한 누군가가 문자 그대로 땀을 비가 오듯 쏟으면서 일했었다. '자기 분수'를 받아들이면서―.」

「젊은 아가씨와 파일을 찾으러 왔을 때, 예전에 여기서 사람이 일을 했었다. 키친과 스컬러리가 있었다는 것을 알려주었다. 하지만 그녀들은 전혀 믿지 않았고, 다른 생명체를 보는 듯한 눈으로 나를 쳐다보았다. 그리고 떨면서 '왜 이렇게 눅눅한 거야! 여긴 유령 같은 게 있을 거야'라고 했다.」

계급사회는 지금도 건재하지만, 백 년 전과는 많이 달라져서 그리워한다고 해도 옛날로 돌아갈 일은 없다. 진이 말했던 「눈에 보이지 않는 요정」으로 살았던 메이드들은 아마도 「더 나은 자신이 되기 위해서」 길을 떠났기 때문에, 지금은 그 잔상이 영화 속에서

⚘ 레스터셔의 「노슬리 홀」에서 고용주가 스코틀랜드로 떠나는 8월에 대청소를 하던
1930년대의 스태프. 왼쪽부터 스쿨룸 메이드 프란시스, 제3 하우스 메이드 베키, 풋맨
찰리, 수석 하우스 메이드 메리, 제2 하우스 메이드 올리브.

팔랑팔랑 떠돌아다니고 있을 것이다. 잘 보이지 않았던 그녀들의
속마음을 아주 조금이라도 느낄 수 있었기를.

후기

영국 빅토리아시대에 관한 가이드 기사를 쓰거나, 「고증」이라는 번지르르한 직함으로 애니메이션 작품에 참여하게 된 지 8년 정도가 됩니다. 과거 사람들의 생활과 문화에 대해 생각하기 시작하면 샘솟는 질문은 끝이 없습니다. 무엇을 입고, 무엇을 먹고, 어떤 집에 살았고 무슨 생각을 하며 살았는지. 생활을 알고 싶다는 것은 세계 전체를 알고 싶다는 것과 똑같은 걸지도 모르겠습니다. 여기저기 넘치는 정보 속에서 언제나 저의 눈길을 사로잡는 것은 주연보다는 조연, 남성보다는 여성, 어른보다는 아이, 아가씨보다는 메이드, 언제나 중심에서 살짝 벗어난 곳에 있는 사람들입니다. 그녀들을 축으로 한 책을 만들 수 있어서 행복합니다.

이 책을 쓰게 된 계기가 된 만남을 선사해준 가와바타 유코川端有子 선생님, 도판이나 영문에 도움을 주신 이와타 요리코岩田託子 선생님. 영국의 메이드에 대해 조사하기 시작했을 무렵, 초보자인 저에게 넓은 세계를 알려주신 모리 가오루森薰 씨. 편집자 무라마쓰 교코村松恭子 씨. 집필 중에 스트레스로 힘들어할 때마다 여러분의 웃는 얼굴을 떠올리며 견뎌냈습니다. 정말 감사합니다. 그리고 언제나 말도 안 되는 스케줄의 영국 취재에 동행해서 방금 쓴 원고를 가장 먼저 읽어준 오카모토 겐이치岡本堅一 씨에게 감사의 마음을 전하고 싶습니다.

2011년 3월 어느 날 무라카미 리코

참고문헌

- Alison Adburgham, 『Victorian Shopping Harrod's 1895 Catalogue』 ST. MARTINS PRESS, 1972
- Alison Adburgham, 『Yesterday's Shopping The Army&Navy Stores Catalogue 1907』, David&Charles, 1969
- Eileen Balderson, Douglas Goodlad, 『Backstairs Life in a Country House』, David&Charles, 1982
- Viola, Bankes, Pamela Watkin, 『A Kingston Lacy Childhood』, The Dovecote Press, 1986
- Maurice Baren, 『Victorian Shopping』, Michael O'mara Books, 1998
- Margaret Beetham, Kay Boardman, 『Victorian Women's Magazines』, Manchester University Press, 2001
- Mrs Beeton, Nicola Humble, 『Mrs Beeton's Book of Household Management』, Oxford University Press, 2000
- John Burnet, 『Uesful Toil』, Routledge, 1994
- Chiris Connor, 『Miller's Postcards: A Collector's Guide』, Octopus Publishing, 2000
- Phillis Cunnington, 『Costume of Household Servants From the Middle Ages to 1900』, Barnes&Noble, 1900
- Jennifer, Davies, 『The Victorian Kitchen』, BBC Books, 1991
- (일본어역)제니퍼 데이비스, 시라이 요시아키白井義明 역, 『영국 빅토리아시대의 키친 英國ヴィクトリア朝のキッチン』, 사이류샤彩流社, 1998
- Frank Dawes, 『Not in Front of the Servants』, Taplinger Publishing Company, 1974
- Elizabeth Ewing, 『Women in Uniform through the centuriees』, B. T. Batsford, 1975
- Sheila M. Farrance, Jacqueline A. Bennrtt, 『Memories of a Village Rectory』, Spellmount, 1983
- Judith Flander, 『The Victorian House』, Harper Perennial, 2004
- Dorothy Fudge, 『Sands of Time』, Word And Action(Dorset), 1981
- Juliet Gardiner, 『Manor House, Life in an Edwardian Country House』, Bay Books, 2003

- Jessica Gerard, 『Country House Life: Family and Servants, 1815-1914』, Blackwell, 1994
- Frederick John Gorst, Beth Andrews, 『Of Carriages and King』, Thomas Y. Crowell, 1956
- Rosina Harrison, 『ROSE: My Life in Service』, The Viking Press, 1975
- Adeline Hartcup, 『Below Stairs in the Great Country House』, Sidgwick and Jackson, 1980
- Pamela Horn, 『Life Below Stairs in the 20th Century』, Sutton Publishing, 2003
- Pamela Horn, 『Life in the Victorian Country House』, Shire Publishing, 2010
- Pamela Horn, 『The Rise and Fall of the Victorian Servant』, Sutton Publishing, 1998 (일본어역)파멜라 혼, 코야스 마사히로子安 雅博 역, 『빅토리안 서번트ヴィクトリアンサーヴァント』, 에이호샤英宝社, 2005
- Frank E. Heggett, 『Life Below Stairs』, John Murrey, 1977
- Michel Jubb, 『Cocoa&Corset』, HMSO Publications, 1984
- Anthony J. Lambert, 『Victorian and Edwardian Country-House Life From old photographs』, B. T. Batsford, 1981
- Ruth M. Larsen, 『Maids & Mistresses』, The Yorkshire Country House Partnership, 2004
- Kedrun Laurie, 『Cricketer Preferred: Estate Workers at Lyme Park 1898-1946』, The Lyme Park Joint Committee, 1979
- Violet Liddle, Mary Batchelor, 『Serving the Good and the Great』, ZONDERVAN, 2004
- Margaret Llewelyn Davies, 『Life As We Have Known It』, VIRAGO, 1977
- Silvia Marlow, 『Winifred』, Ex Libris Press, 1993 (일본어역)실비아 말로우, 도쿠오카 다카오德岡 孝夫 역, 『영국 어느 하녀의 생애イギリスのある女中の生涯』, 소시샤草思社, 1994
- Trevor May, 『The Victorian Domestic Servant』, Shire Publication, 2002
- Theresa M. McBride, 『The Domestic Revolution』, Croom Helm, 1976
- Margaret Meade-Featherstonhaugh, Oliver Warner, 『Uppark and its People』, Century, 1988
- Antony & Peter Miall, 『The Victorian Nursery Book』, Dent, 1980

- Samuel Mullins, Gareth Griffiths, 『Cap and Apron: an oral history of domestic dervice in the Shires, 1880-1950』, Leicestershire Museums, Arts&Records Service, 1986
- Shirley Nicholson, 『A Victorian Household』, Sutton Publishing, 1998
- Robert Opie, 『Rule Britannia Trading on the British Image』, Viking, 1985
- Robert Opie, 『The Edwardian Scrapbook』, pi global publishing, 2002
- Robert Opie, 『The Victorian Scrapbook』, pi global publishing, 1999
- John Pink, 『Country Girls Preferred』, JRP, 1998
- Margaret Powell, 『Below Stairs』, Dodd, Mead & Company, 1968
- Jean Rennie, 『Every Other Sunday』, St Matins's press, 1955
- Pamela Sambrook, 『Keeping Their Place』 Sutton publishing/ 2005
- Pamela A. Sambrook, 『The Country House Servant』, Sutton publishing, 1999
- Pamela A. Sambrook, PeterBrears, 『The Country House Kitchen 1650-1900』, Sutton publishing, 1997
- Nina Slingsby Smith, 『George, Memoirs of a Gentleman's Gentleman』, Century, 1986
- Liz Stanley, 『The Diaries of Hannah Cullwick, Victorian, Maidservant』, VIRAGO PRESS, 1984
- Noel Streatfield, 『The Day Before Yesterday』, Collins, 1956
- Dorothy Magaret Stuart, 『The English Abigail』, Macmilan & Co., 1946
- Flora Thompson, 『Lake Rise to Candleford』, Penguin Books, 2008
  (제1부 일본어역)플로라 톰슨, 이시다 에이코石田英子 역, 『라크 라이즈ラ-クライズ』, 사쿠호쿠샤朔北社, 2008
- E. S. Turner, 『What The Butler Saw』, Penguin Books, 2001
- Geoffrey Veysey, 『Philip York-Last Squire of Erddig』, Bridge Books, 2005
- Christina Walkley, 『The Way to Wear'em 150 years of Punch on Fashion』, Peter Owen, 1985
- Giles Waterfield, Ann French, Matthew Craske, 『Below Stairs 400years of servant's portraits』, National portrait Gallery Publications, 2003
- Merlin Waterson, 『The Servant's Hall: A Domestic History of Erddig』, Routledge & Kegan Paul, 1980
- C. Anne Wilson, 『Eating wih the Victorians』, Sutton Publishing, 2004

- C. Anne Wilson, 『Cassell's book of the household』, Cassell and Co., 1880-1890
- C. Anne Wilson, 『Sixpenny Wonderfuls』, Chatto & Windus, The Hogarth Press, 1985
- C. Anne Wilson, 『Rufford Past and Present』, Nottinghamshire Country Council, 2000
- C. Anne Wilson, 『Linley Sambourne House』, The Royal Borough of kensington and Chelsea, 2003
- C. Anne Wilson, 『Caike Abbey』, The National Trust, 1990
- C. Anne Wilson,, 『Dunham Massey』, The National Trust, 2000
- C. Anne Wilson, 『Erddig』, The National Trust, 2001
- C. Anne Wilson, 『Petworth House』, The National Trust, 2005
- C. Anne Wilson, 『Petworth The Servan't Quarters』, The National Trust, 2000
- C. Anne Wilson, 『Uppark』, The National Trust, 1995

- 이와타 요리코岩田託子, 카와바타 유코川端有子, 『영국 레이디가 되는 방법英國レディになる方法』, 가와데쇼보신샤河出書房新社, 2004
- 험프리 카펜터, 메리 프리처드, 『옥스퍼드세계아동문학백과オックスフォード世界児童文学百科』, 하라쇼보原書房, 1999
- 가와모토 세이코川本靜子, 『거버니스(여성 가정교사)ガヴァネス(女家庭教師)』, 추오코론샤中央公論社, 1994
- 마크 질랜드, 모리 시즈코 휴즈森 静子·Hughes 역, 『영국의 컨트리 하우스(상·하)英國のカントリーハウス(上·下)』, 생활의도서관출판사住まいの圖書館出版社, 1989
- 스기노 요시코杉野芳子 편저, 『도해복식용어사전 개정판 제4판圖解服飾用語事典 改訂版 第4版』, 스기노학원杉野學園, 1993
- 다카하시 유코高橋裕子, 타카하시 다츠시高橋 達史, 『빅토리아시대 만화경ヴィクトリア朝 万花鏡』, 신초샤新潮社, 1993
- 다키우치 다이조滝内 大三, 『여성·일·교육—영국 여성 교육의 근현대사女性·仕事· 教育—イギリス女性教育の近現代史』, 코요쇼보晃洋書房, 2008
- 다니타 히로유키谷田博幸, 『도해 빅토리아시대 백과사전圖解ヴィクトリア朝百科事典』, 가와데쇼보신샤, 2001
- 나가시마 신이치長島伸一, 『세기말까지의 대영제국世紀末までの大英帝國』, 호세이대학

출판국法政大學出版局, 1987

- 노먼 & 진 맥킨지, 무라마츠 센타로村松仙太郎 역, 『시간 여행자 H. G. 웰스의 생애時の旅人 H. G. ウェルズの生涯』, 하야카와쇼보早川書房, 1978

- 마쓰즈카 슌조松塚俊三, 『역사 속의 교사歷史のなかの敎師』, 야마카와출판사山川出版社, 2001

- 무라오카 겐지村岡健次, 가와기타 미노루川北稔 편저, 『영국 근대사[개정판]イギリス近代史[改訂版]』, 미네르바쇼보ミネルヴァ書房, 2003

- 무라오카 겐지, 『근대 영국의 사회와 문화近代イギリス社会と文化』 미네르바쇼보, 2002

- 모리 마모루森護 『영국의 귀족-뒤늦게 성립된 공작위英國の貴族-遅れてきた公爵』, 타이슈칸쇼텐大修館書店, 1987

- 앨리스 렌턴, 가와무라 사다에河村貞枝 역, 『역사 속의 거버니스歷史のなかのガヴァネス』, 다카시나쇼텐高科書店, 1998

- 와타라이 요시이치度会 好一, 『빅토리아시대의 성과 결혼ヴィクトリア朝の姓と結婚』, 추오코론샤, 1997

- 아라이 메구미新井潤美 감수·번역, 『Fun지(誌) 선집 콜렉션ファン誌選集コレクション』, 에디션 시냅스エディション·シナプス, 2010

- 가와바타 유코川端有子 감수·번역, 『걸즈 온 페이퍼ガールズ·オウン·ペーパー』, 유리카 프레스ユーリカ·プレス, 2006

- 고이케 시게루小池滋 편, 『빅토리안·펀치ヴィクトリアン·パンチ』, 가시와쇼보柏書房, 1995

- 고바야시 아키오小林章夫 편집·해설, 『브리티시 서번트ブリティッシュ サーヴァント』/ 유리카 프레스, 2006

- 마츠무라 마사이에松村昌家 감수, 『The Graphic: An Illustrated Weekly Newspaper』, 책의 벗사本の友社, 1999-200

저자소개_**무라카미 리코** 村上 リコ

치바 현 출생, 도쿄 외국어 대학교 졸업.

코믹스 · 애니메이션 관련의 편집 프로덕션 근무를 거쳐, 2003년부터 프
리라이터로 활동. 같은 해, 19세기 영국의 메이드를 주인공으로 한 코믹
『엠마』(모리 카오루)의 가이드 북 『엠마 빅토리안 가이드』(공저 엔터브레
인)을 기획 · 집필.

2004년 이후에는 영국 긱지의 컨트리 히우스를 방문하여 19세기~20세
기 초반의 여성 · 아이 · 가사 사용인의 생활에 대해 독자적인 리서치를
이어오고 있다.

DVD 『MANOR HOUSE 영국발 귀족과 메이드의 90일』(북레트 구성 · 자
막 감수 2007년 프레시디오), 『야상#빅토리안』(기사 기고 2008년 스튜
디오 · 파라보리카) 외. 『영국 사랑 이야기 엠마』나 『흑집사』 등, 빅토리아
시대의 영국을 모델로 한 텔레비전 애니메이션의 고증도 담당하고 있다.

웹사이트: http://park2.wakwak.com/~rico/

역자 소개_**조아라**

부산 출생. 동아대 국문과 졸업. 일본 추리소설을 탐닉하던 중, 번역의 길
로 들어섬.

현재는 만화와 애니메이션을 포함 다양한 분야에서 활동하고 있다.

주요 역서로는 『포효하는 마룡의 포식방법 』(1~5), 『나와 그녀와 그녀와
그녀』(1), 『이나리, 콩콩, 사랑의 첫걸음』, 『용자와 마왕의 배틀은 거실에
서』(1~3), 『왕자의 속박, 군인의 구애-젊은 미망인의 불순한 고민』, 『오줌
싸개 고양이 쇼보냥』(1~3), 『파이팅 오줌싸개 고양이 쇼보냥』(1), 『행복한
타카코씨』(1) 등이 있다.

영국 메이드의 일상

개정판 1쇄 인쇄 2022년 12월 25일
개정판 1쇄 발행 2022년 12월 30일

저자 : 무라카미 리코
번역 : 조아라

펴낸이 : 이동섭
편집 : 이민규
디자인 : 조세연
영업 · 마케팅 : 송정환, 조정훈
e-BOOK : 홍인표, 최정수, 서찬웅, 김은혜, 이홍비, 김영은
관리 : 이윤미

㈜에이케이커뮤니케이션즈
등록 1996년 7월 9일(제302-1996-00026호)
주소 : 04002 서울 마포구 동교로 17안길 28, 2층
TEL : 02-702-7963~5 FAX : 02-702-7988
http://www.amusementkorea.co.kr

ISBN 979-11-274-5874-4 03920

ZUSETSU EIKOKU MAID NO NICHIJO
©RIKO MURAKAMI 2011
Originally Published in Japan in 2011 by KAWADE SHOBO SHINSHA Ltd, Publishers, Tokyo.
Korean translation rights arranged with KAWADE SHOBO SHINSHA Ltd, Publishers, Tokyo
Through TOHAN CORPORATION, TOKYO.